基金项目：辽宁省社会科学规划基金项目（L22CGL016）
2023年度辽宁工程技术大学人文社科研究一般项目（23-A046）

循环经济背景下消费者“互联网+”闲置物品回收参与意愿及溢出效应研究

郭婷婷　吴正祥　著

中国财经出版传媒集团
中国财政经济出版社

图书在版编目（CIP）数据

循环经济背景下消费者"互联网+"闲置物品回收参与意愿及溢出效应研究／郭婷婷，吴正祥著．--北京：中国财政经济出版社，2023.7

ISBN 978-7-5223-2227-8

Ⅰ.①循… Ⅱ.①郭… ②吴… Ⅲ.①互联网络－资源回收－消费心理－研究 Ⅳ.①F713.55

中国国家版本馆CIP数据核字（2023）第096895号

责任编辑：彭　波　　　　责任印制：史大鹏

封面设计：卜建辰　　　　责任校对：张　凡

中国财政经济出版社 出版

URL：http：//www.cfeph.cn

E-mail：cfeph@cfeph.cn

社址：北京市海淀区阜成路甲28号　邮政编码：100142

营销中心电话：010-88191522

天猫网店：中国财政经济出版社旗舰店

网址：https：//zgczjjcbs.tmall.com

北京财经印刷厂印刷　各地新华书店经销

成品尺寸：170mm×240mm　16开　13.5印张　200 000字

2023年7月第1版　2023年7月北京第1次印刷

定价：68.00元

ISBN 978-7-5223-2227-8

（图书出现印装问题，本社负责调换，电话：010-88190548）

本社质量投诉电话：010-88190744

打击盗版举报热线：010-88191661　QQ：2242791300

前　言

产品更新换代速度的加快、购物的便捷性以及消费者对个性化消费的强烈诉求促使消费者在“买买买”之余囤积了大量的闲置物品。这些闲置物品弃之可惜、用之不顺，它们像废品一样被随意扔在角落或保留在箱柜里，导致大量闲置资源无法重新进入流通环节，难以实现资源的优化配置，产生了巨大的资源浪费问题。如何鼓励消费者积极参与闲置物品回收，最大化消费者闲置物品回收行为产生的生态、经济和社会效益，实现资源优化配置已经成为亟待探究的重要议题。

考虑到消费者闲置物品回收参与意愿及溢出效应的形成包含一系列复杂的心理变化过程，且现有关于回收的研究尚未对这些过程机制进行解释。依据“提出问题—理论推演—实验研究—解决问题”的技术路线，本书以“互联网+”环境下消费者闲置物品回收为研究主题：(1) 从商业实践中企业通过信息沟通策略刺激消费者参与闲置物品回收但是效果不理想这一问题入手，基于信息框架理论和自我构建理论，构建了信息框架与自我构建交互影响消费者闲置物品回收参与意愿的理论模型；(2) 在充分考虑消费者参与闲置物品回收动机差异性的基础上，引入了回收方式这一变量，挖掘了信息框架、自我构建与回收方式三者之间的协同匹配机理；(3) 考虑到循环经济理念被消费者接受并认同是一个过程，在这一过程中部分消费者会首先接受并践行，而另一部分消费者则较晚，本书引入回收卷入度这一变量，并从心理学产品依恋的角度探究了提升低卷入度消费者参与闲置物品回收意愿的有效信息框架策略；(4) 针对闲置物品回收行为可能产生积极和消极两种截然相反的后置结果，本书基于行为一致性理论、自我认同理论和道德许可效应理论，识别了消费者闲置物品回收行为产生溢出效应的方向和范围；(5) 为了挖掘如何促使消费者回收行为产生更广泛的经济、社会、环境效益，本书基于信息框架理论和目标进展理论，探究了引发消费者闲置物品回收行为在其他行为上泛化的机理。

本书深入剖析了闲置物品回收营销信息策略的特点及其说服效应，解释了外部干预与内部驱动因素影响消费者闲置物品回收参与意愿及溢出效应的心理机制与理论逻辑。在理论上，本书的研究成果弥补了现有关于废弃物品回收研究的不足，丰富了营销领域关于回收的研究成果，深化了信息框架理论、自我构建理论、溢出效应理论等在营销科学中的应用范畴，为亲社会行为溢出效应矛盾结论的揭开增加了理论支撑。在实践上，本书的研究成果为企业和社会组织破解单一地依赖某一种或几种外部策略难以长期激励消费者参与闲置物品回收这一难题提供了方法指导；为战略层面强化包括消费者、企业在内的社会各界的整体低碳消费意识，促进全民低碳消费理念的形成提供了理论指导。

作者

2023 年 1 月

目录

第1章 绪　　论

1.1 研究背景

1.1.1 现实背景

产品更新换代速度的加快、购物的便捷性以及消费者对个性化消费的强烈诉求促使消费者在“买买买”之余囤积了大量的闲置物品。这些闲置物品弃之可惜、用之不顺，它们像废品一样被随意扔在角落或保留在箱柜里，导致大量闲置资源无法重新进入流通环节，难以实现资源的优化配置，产生了巨大的资源浪费问题。淘宝二手平台的调研结果显示，几乎每个人都有闲置物品，因没有闲暇的时间、精力或渠道问题导致超过一半的用户对自己的闲置物品置之不理。随着物质从稀缺到富足、中产阶级消费升级，与过去没有东西的时代不同，现在消费者面临的困境是没有地方放东西。为了突破这一困境，逐渐衍生出一种新的行业——二手闲置物品行业。二手闲置物品行业指交易者或分享者通过在二手市场上买卖、租赁、交换、捐赠自己不再需要的闲置物品，提升商品利用率，延长商品在有限使用周期内的使用价值。该行业发展的本质是让商品在价值损耗过程中得以不断流转到有需要的用户手中，最大限度地发挥其剩余价值，是一种典型的环保型经济。洞见研报关于《2022年中国二手消费者市场分析》的调查研究指出，中国的二手闲置物品销售市场规模从2015年的209.96亿元增长到2020年的1052亿元；二手闲置物品零售总价值从2015年的4.59亿元增长到2021年的400.17亿元。这说明二手闲置物品市场潜力巨大，增长势头强劲。构建完整、有效的购后产品回收再利用体系刻不容缓。

2015年国家发改委印发的《2015年循环经济推进计划》以及国务院《关于积极推进"互联网+"行动的指导意见》明确提出，鼓励利用互联网、大数据等信息手段探索"互联网+回收"新模式。在此背景下，相当一部分企业开始投资"互联网+回收"网络平台。为了激发消费者参与闲置物品回收的积极性，商业实践中企业不断尝试利用各种营销信息沟通策略和社会/金钱激励手段，通过诱之以利、动之以情、晓之以理的方式刺激消费者的闲置物品回收参与意愿。例如，闲鱼的创意广告"别让我闲着"，转转的创意广告"有赚有转"等从物的角度去诠释情感，说明舍弃旧物不仅是为了让闲置换钱，更重要的是一种价值传递。作为一种社会期望行为，大部分消费者对闲置物品回收都持积极态度，但实际生活中产品回收再利用问题并没有得到消费者重视（Isa et al.，2016）。调查显示，受到产品更新换代速度快、企业品牌差异化战略等因素的驱动作用，在众多的闲置物品当中，用户最关注的是手机和数码等电子产品、图书、服装鞋帽等。参与二手闲置物品电商交易用户的用户规模2015～2020年分别约0.11亿人次、0.49亿人次、0.76亿人次、1.07亿人次、1.44亿人次、1.85亿人次，增速逐年下降。除此之外，截至2020年，二手电商用户占中国移动电商用户的比例仅为23.1%，且主要二手电商平台只有闲鱼、转转两个。在用户活跃度方面，以闲鱼的活跃用户数较多（约1.24亿人次，排名第一），其他平台的活跃用户数量均较少，排名第二的转转约0.18亿人次，排名第三到第五的找靓机、微拍堂和孔夫子分别约0.062亿人次、0.040亿人次以及0.0066亿人次。就用户规模、活跃用户数量以及二手电商平台使用数量来讲，消费者参与闲置物品回收的积极性仍然不高。做好闲置物品的回收工作一方面可以促进资源的优化配置，从根本上减少垃圾美化环境，使产品在全生命周期里的资源效益与环境效益更加显著；另一方面可以节省新资源的开采和制造成本，产生经济效益。消费者的回收行为是回收渠道的起点，探究影响消费者回收行为的因素，找到激励消费者积极参与回收的突破点，挖掘消费者回收行为产生积极溢出效应的手段，促使消费者回收行为产生更广泛的经济、社会、环境效益对于推动循环经济发展具有重要意义。

1.1.2 理论背景

消费者的回收或丢弃决策以及回收或丢弃行为产生的后续结果已经受到了消费者行为领域学者的广泛关注（吴波等，2019；Khan et al.，2019）。学者们普遍认为个体消费者可以通过参与社会责任行为（Vries et al.，2011），如回收（Isa et al.，2016），积极推动环境恶化和资源浪费问题的解决。现有关于垃圾等废弃物品回收或丢弃决策的研究主要从内部和外部两个方面探究影响消费者回收或丢弃决策的因素（Miliute – Plepiene et al.，2016）。就内部因素而言，学者们探究了环保意识（Vining and Ebreo，1992；Wang et al.，2016；Cao et al.，2016；Jayaraman et al.，2019），消费者同产品之间的关系强度（例如，产品同自身身份的联系强度，产品与自我之间的一致性）（Trudel et al.，2016b；Sarigöllü et al.，2020），感知结果、感知控制、主观规范（Izagirre – Olaizola et al.，2015；Wan et al.，2017；Khan et al.，2019；Kumar，2019），感知自我效能以及对环保形象的关注（Blose et al.，2020；Arias and Trujillo，2020；Geiger et al.，2019）等对消费者回收或丢弃决策的影响。就外部因素而言，学者们探究了经济刺激（Jenkins et al.，2003；Dixit and Vaish，2015；Borthakur and Govind，2017；Shevchenko et al.，2019）、回收便捷性（Halvorsen，2008；Wagner，2013）、回收设施（Zhang et al.，2016），个人与文化差异（Mccarty and Shrum，2001）、广告与信息沟通策略（White et al.，2011；Kidwell et al.，2013；Baxter and Gram – Hanssen，2016；Grazzini et al.，2018）、社会规范（Goldstein et al.，2008；Kumar，2019）、产品的有形特征（例如，形状和大小）（Trudel and Argo，2013；Trudel et al.，2016a）、社会距离（Passafaro et al.，2019）对消费者回收或丢弃决策的影响。

此外，已有研究主要聚焦于探究消费者的垃圾或电子废弃物展开研究，例如，生活垃圾（Izagirre – Olaizola et al.，2015；Khan et al.，2019；Blose et al.，2020），废旧锂电池（Sun et al.，2015；Gu et al.，2017）以及报废的电子电器设备等（Hicks et al.，2005；Cao et al.，2016；Wang et al.，

2016；Borthakur and Govind，2017；Jayaraman et al.，2019）。

综上所述，现有废弃物品回收相关研究在一定程度上对消费者闲置物品回收参与心理与行为的形成机制有所揭示，为本书的研究思路奠定了一定基础，但不能直接应用到“互联网＋回收”模式下的消费者闲置物品回收商业实践中。其主要体现在以下四个方面：第一，闲置物品回收同废弃物品回收既存在交叉又有明显差异。闲置主要是指未使用的、停用的，闲置物品主要是未使用或停用的尚有利用价值的产品；废弃主要是停止的、不再使用的，废弃物品主要是指通常会被直接扔掉的脏土、失去价值或者有害的垃圾。第二，现有研究在探索过程中主要针对普遍意义上的消费者，缺乏对消费者进行归类和划分，使对消费者回收行为影响因素和心理机制的探讨比较粗浅，导致商业实践中企业难以针对不同类型的消费者市场采取有针对性的措施。第三，与传统的废弃物品不同，有一些闲置物品（例如，敬爱的祖父送给自己的生日礼物）与消费者之间存在情感联系，对消费者而言这些闲置物品承载的情感价值超越了其经济价值，此时消费者回收闲置物品的意愿与废弃物品存在很大差异。第四，随着循环经济理念的发展，消费者主观上对闲置物品回收与自身相关性的感知会经历不同的发展阶段，现在研究尚未探知。

此外，基于可接近性—可诊断性模型、行为一致性理论、自我认同理论、道德许可效应，消费者的闲置物品回收行为可能产生两种截然相反的溢出效应。一是消费者的前期行为会影响其后续同样的行为以及与该行为相关的其他行为（Summers et al.，2016）。绿色消费、二手产品购买等行为与闲置物品回收同属于亲社会行为，这些行为在消费者心理认知中具有相似性、关联性或一致性，闲置物品回收行为对其他亲社会行为具有可接近性和可诊断性，可能产生正向的溢出效应。二是当个体感知自身的道德形象高于理想道德形象时，其可能降低道德行为发生的频率（李谷等，2013）。闲置物品回收作为一种社会责任行为，提升了消费者的自我道德形象感知，这种感知可能会促进其不道德或违法行为的产生，即闲置物品回收行为可能产生负向的溢出效应。目前，学者关于消费者亲社会行为溢出效应的研究结果存在矛盾。在“互联网＋回收”模式下，消费者的闲置物品回收行为是否会产生显著的溢出效应以及产生何种溢出效应？是否存在有效的干预措施，使其产生的溢出效应向最优的方向发展？这些问题尚未探讨。

1.1.3 问题提出

在促进闲置物品回收再利用过程中，消费者的参与意愿决定了整个社会经济剩余资源能否被有效利用（Cheng et al.，2011）。基于对当前商业实践中遇到难题的分析和理论文献的查阅，本书试图运用实验研究的方法探索外部干扰因素影响消费者参与闲置物品回收的意愿及溢出效应。在具体研究过程，拟解决以下科学问题：

（1）商业实践中企业的信息策略与消费者偏好的信息策略不匹配问题。为了避免生硬说教，商业实践中线上回收平台通常采用两种信息策略来激发消费者参与闲置物品回收的行为意愿。一种是强调消费者获益、达到理想效果的得益框架，另一种是强调消费者损失、避免不理想效果的损失框架。因缺乏基于心理学变量对消费者进行归类划分，进而有针对性地对消费者进行劝服，商业实践中信息策略的作用效果不理想。调节匹配劝说性影响机制的相关研究指出，影响消费者归类和划分的自我构建能够引发消费者差异化的信息偏好（Lee and Aaker，2004）。在“互联网＋回收”情境下，信息框架与自我构建对消费者闲置物品回收参与意愿的影响是否存在某种调节匹配形式？该种调节匹配影响参与意愿的中间机制是什么？

（2）商业实践中企业难以提升多种外部干预策略对消费者闲置物品回收参与意愿的协同作用效果。商业实践中普遍存在闲置赚钱和闲置赠送两种回收方式，因没有识别不同类型消费者对差异化回收方式的偏好，导致采用信息策略对不同方式闲置物品回收进行营销宣传时难以实现协同作用。不同回收方式刺激消费者产生差异化的行为动机，这些行为动机是否会与消费者的自我构建类型存在匹配？哪种类型的消费者更加青睐何种方式的闲置物品回收？回收方式通过转移消费者的认知改变信息框架与自我构建交互影响消费者闲置物品回收参与意愿的作用机理是什么？

（3）除了客观存在的独立自我与相依自我两种不同自我构建类型的消费者以及商业实践中回收平台使用的闲置赚钱和闲置赠送回收方式。主观上，“碳中和”“碳达峰”目标、理念逐渐被消费者接受并达成共识，消费者低碳意识迅速崛起，随之而来会形成两类消费者。一类从心理上认为闲置物品回收与自身存在高度相关性（高卷入度消费者），有必要参与闲置物品回收；另一类尚未形成这种认知（低卷入度消费者）。那么，如何采用信息框架策略促使后者积极参与闲置物品回收？此外，很多闲置物品与消费者之间存在独特的情感依恋，情感依恋在鼓励低卷入度消费者参与闲置物品回收方法能否发挥作用？

（4）基于溢出效应理论的研究成果得出了两种截然相反的研究结论。基于一致性理论、可接近性—可诊断性模型、社会认同理论的研究成果发现，消费者的亲社会行为能够产生正向溢出效应；基于道德许可效应的研究成果发现，消费者的亲社会行为能够产生负向溢出效应。消费者的闲置物品回收行为对相似或相关的亲社会行为产生了怎样的溢出效应？产生该作用效果的原因是什么？

（5）企业和社会组织尚未找到促进闲置物品回收行为产生正向溢出效应的有效策略和方法。溢出效应与干预行为的信息策略息息相关，对消费者过去或历史的某种特定行为采用不同的信息策略对其进行干预会改变其后续相似或相关行为（Evans et al.，2013）。不同类型的事后信息干预策略在闲置物品回收行为产生溢出效应的过程中起到了抑制还是促进作用？该作用效果产生的过程机制和边界条件是什么？

1.2 研究意义

消费者的闲置物品回收行为一方面能够减少垃圾，降低环境污染，保护环境；另一方面能够不以增加新的资源投入为根本，用回收物品替代那些供应量不断下降的自然资源使其重新投入社会生产流通中，降低原始资源的消耗，提升资源的利用效率。从消费者心理的角度出发，揭示信息框架视角下影响消费者闲置物品回收参与意愿的心理机制和边界条件，探寻消费者闲置物品回收行为产生的溢出效应及其干预机制，具有以下实践和理论意义。

1.2.1 实践意义

（1）探究信息框架策略对不同自我构建消费者的劝服效果，有助于“互联网+回收”商业实践中，营销人员全方位掌握驱动消费者参与闲置物品回收的机理，把握消费者决策时的心理过程，找出不同情境下激励消费者参与闲置物品回收的突破点，制订出符合不同类型消费者内在需求的刺激和激励策略，有效干预消费者的闲置物品回收参与意愿。

（2）探究回收方式对信息框架与自我构建交互效应的边界作用，为回收企业更好地掌握消费者心理与行为偏好，有效预测市场需求和变化提供决策参考，为“互联网+回收”商业模式和绿色营销战略的变革提供理论参考。

（3）挖掘不同卷入度消费者参与闲置物品回收的意愿，识别激励低卷入度消费者积极参与闲置物品回收的有效信息沟通策略，有利于在全社会形成低碳消费的氛围，促进全民低碳消费理念的形成，推动循环经济的健康持续发展。

（4）探究闲置物品回收行为产生的溢出效应和干预机制，有助于政府和企业从理论上预测消费者对闲置物品回收行为中未包含方面的认知，制订出能够最大化提升闲置物品回收行为产生正向溢出，抑制负向溢出的策略和方法。

1.2.2 理论意义

（1）丰富了回收领域相关研究成果。以往研究对消费者回收行为心理机制的探究较为粗浅。本书从消费者心理的角度出发，采用实验研究的方法对自变量进行操控，深入探究外部干扰和消费者因素对消费者闲置物品回收参与意愿及溢出效应的内在作用机理。研究不仅弥补了传统垃圾等废弃物品回收领域研究方法和视角的不足，也对回收领域研究进行了横向延伸和纵向深化。

（2）丰富了信息框架理论、自我构建理论在营销科学中的应用范畴。以往基于信息框架理论与自我构建理论的研究较少关注消费者购后产品的使用和处置行为。本书考察了信息框架与自我构建作用于消费者闲置物品回收参与意愿的调节匹配形式，挖掘了信息框架与自我构建交互影响消费者闲置物品回收参与意愿的中介机制和边界条件。本书是将信息框架理论与自我构建理论应用于消费者购后产品处置行为的有益尝试。

（3）识别出了闲置物品与废弃物品相比呈现的特殊性，进而从闲置物品与消费者之间形成的情感联系出发，挖掘信息框架策略干预低卷入消费者回收参与意愿的机制，为后续研究提供了独特的视角。

（4）拓展了行为溢出效应研究的理论成果。现有消费者行为的研究主要关注行为意愿或行为的前置变量，较少关注行为的后置结果。基于溢出效应理论研究消费者亲社会行为的成果得出了两种截然相反的结论，即消费者的亲社会行为既可能因为行为一致性动机产生正向的溢出效应，也可能因为道德许可效应产生负向的溢出效应。本书验证了消费者的闲置物品回收行为能够对可接近性水平较高的生态行为产生正向溢出效应，并探究了信息框架策略对消费者闲置物品回收行为溢出效应的干预机制。研究拓宽和深化了学者关于行为溢出效应的认知，为亲社会行为领域溢出效应矛盾结论的揭开提供了理论支撑。

1.3 研究内容与结构安排

本书从消费者心理的角度出发，旨在探究以下五个内容：（1）基于信息框架理论与自我构建理论，探索信息框架策略作用于不同类型消费者闲置物品回收参与意愿的心理机制；（2）借鉴调节匹配说服性机制相关研究成果，阐明回收方式与信息框架、自我构建三者之间的协同作用机制；

(3) 基于卷入度理论，结合闲置物品的特殊性，挖掘信息框架策略干预低卷入度消费者参与闲置物品回收的中介和调节机制；(4) 基于溢出效应的产生机制，探究消费者闲置物品回收行为产生的溢出效应；(5) 基于信息框架理论，识别信息反馈策略对溢出效应干预作用的直接、链式中介过程机制及边界条件。

在研究过程中，本书通过理论推演的方式提出研究假设，构建概念模型，并利用十个实验对上述四个内容展开探讨。本书的结构安排如下：

第1章提出了本书研究的问题，阐明了本书研究的实践与理论意义、研究内容、研究方法、技术路线以及研究创新点。

第2章整理和归纳了消费者回收行为相关研究，系统梳理了溢出效应、信息框架及自我构建的理论内涵和相关研究成果，深入地了解了现有研究的不足和尚存在的研究空间，掌握了探究变量间因果关系及其背后过程机制的理论。

第3章基于自我构建、信息框架以及两者与其他变量产生调节匹配的劝说性影响机制相关研究成果，通过理论推演提出了信息框架与自我构建交互影响消费者闲置物品回收参与意愿以及交互影响过程中介机制的假设，构建了概念模型。利用实验一检验了信息框架与自我构建交互影响消费者闲置物品回收参与意愿的作用机理；为进一步厘清该交互作用的内在机制，利用实验二检验了信息处理流畅性对上述交互作用的中介效应，并探寻了可能存在的其他中介机制。实验一和实验二的结论为厘清信息框架与自我构建交互影响消费者闲置物品回收参与意愿的心理机制奠定了基础。

第4章在借鉴已有研究的基础上提出了回收方式作用于不同自我构建类型消费者闲置物品回收参与意愿以及回收方式改变信息框架与自我构建交互影响作用效果的假设，构建了概念模型。利用实验三探究了商业实践中存在的两种回收方式——闲置赚钱和闲置赠送是否对不同自我构建类型消费者的闲置物品回收参与意愿产生影响以及如何影响等问题。实验三为理解外部干扰影响消费者闲置物品回收参与意愿提供了补充。在实验三的基础上，利用实验四考察了回收方式在信息框架与自我构建交互影响消费者闲置物品回收参与意愿过程中起到的边界作用。实验四发现了信息框架、自我构建、回收方式三者之间的协同匹配形式，识别了消费者闲置物品回收参与意愿随情境动态变化的原理。

第5章针对循环经济背景下低碳消费逐步形成过程中会出现部分消费者呈现出对低碳消费的认同，认为闲置物品回收符合自身的价值追求，与自身存在较高的相关性；而部分消费者尚没有形成这一认同，认为闲置物品回收与自身相关程度较低的情况。运用实验五探究信息框架策略能否唤起低卷入消费者的闲置物品回收参与意愿，并运用实验六探究实现这一过程的中介机制。此外，结合现实中闲置物品承载的符号价值意义，运用实验七进一步识别产品依恋在信息框架作用于低卷入消费者闲置物品回收参与意愿过程中的调节作用。

第6章基于溢出效应的产生机制，提出了闲置物品回收行为可能产生截然相反的溢出效应的竞争性假设，并利用实验八对假设进行验证。实验八阐明了消费者闲置物品回收行为产生溢出效应的方向，以及对不同类型亲社会行为产生溢出效应的差异。

第7章就信息框架直接或通过感知影响和环保意识间接干预闲置物品回收行为溢出效应，以及干预过程中受到目标进展水平的作用进行了逻辑推演，构建了信息框架干预溢出效应的概念模型。利用实验九和实验十探讨了事后反馈策略中的信息框架策略强化或抑制消费者闲置物品回收行为产生溢出效应的效果，以及信息框架策略产生效用的内在机制与边界条件。

第8章在之前实验研究的基础上得出了研究结论，并指出了本书的理论贡献、研究启示以及研究展望。

1.4 研究方法与技术路线

1.4.1 研究方法

(1) 实验研究法。相较于其他方法，实验研究法能够有效对自变量进行操控并且能控制干扰变量的影响，使其对因果关系的估计更加准确。同时，实验研究法的成本较低。在数据搜集、假设及模型检验阶段，本书主要利用了实验研究的方法。

（2）统计分析法。在利用实验法检验假设与模型过程中本书运用了多项统计分析方法。在对样本进行统计过程中主要使用了描述性统计的方法；对测量量表进行信度、效度检验过程中主要使用了探索性因子分析和验证性因子分析法；在假设和模型检验过程中综合运用了单因素方差分析、组间方差分析、回归分析、独立样本 t 检验、配对样本 t 检验、Bootstrap 中介效应检验、Fisher's LSD 事后检验以及基于 Syntax 的简单效应和简单效应检验等方法；在对实验进行操控检验的过程中主要运用了 t 检验的方法。在分析过程中运用的统计软件为 SPSS 20.0 和 AMOS 21.0。

（3）文献研究法。文献研究是学术研究的基础。通过对已有相关文献的搜集、整理、归纳和总结，能够帮助作者了解国内外相关研究现状，掌握自身研究问题的理论渊源，把握研究的创新方向。首先，本书系统性地查阅了有关回收、溢出效应、信息框架、自我构建方面的基本理论，准确掌握了这些理论的概念和内涵、测量方法、构成方式等。其次，在以往研究的基础上，定义本书研究变量的概念，阐述核心变量之间的假设关系，构建本书的理论构架。最后，借鉴已有文献的研究方法，本书对提出的核心构念或变量进行测量，完成实验设计，采用合适的假设检验方法对研究假设进行检验。

1.4.2 技术路线

研究技术路线如图 1.1 所示。

问题提出
文献综述与研究述评
信息框架与自我构建对消费者闲置物品回收参与意愿的交互效应
实验一：2信息框架（得益框架VS.损失框架）×2自我构建（独立自我VS.相依自我）对参与意愿的交互效应；
实验二：2信息框架（得益框架VS.损失框架）×2自我构建（独立自我VS.相依自我）对参与意愿交互影响的中介机制。
回收方式对信息框架与自我构建交互效应的边界作用
实验三：2自我构建（独立自我VS.相依自我）×2回收方式（闲置赠送VS.闲置赚钱）对参与意愿的交互效应；
实验四：2信息框架（得益框架VS.损失框架）×2自我构建（独立自我VS.相依自我）×2回收方式（闲置赠送VS.闲置赚钱）对参与意愿的协同匹配影响机制。
信息框架与回收卷入度对消费者闲置物品回收参与意愿的交互效应
实验五：2回收卷入度（高VS.低）×2信息框架（得益框架VS.损失框架）对参与意愿的交互效应；
实验六：2回收卷入度（高VS.低）×2信息框架（得益框架VS.损失框架）对参与意愿交互影响的中介机制。
实验七：2回收卷入度（高VS.低）×2信息框架（得益框架VS.损失框架）×2产品依恋（高VS.低）对参与意愿的交互效应。
闲置物品回收的溢出效应
实验八：实验组与控制组对比，识别闲置物品回收行为产生溢出效应的方向；对比回收行为对不同类型亲社会行为产生溢出效应效果的差异。
信息框架对溢出效应的干预机制
实验九：信息框架（得益框架VS.损失框架）对溢出效应作用效果的直接干预作用及过程机制。
实验十：2信息框架（得益框架VS.损失框架）×2目标进展（高目标进展VS.目标进展）探究信息框架干预溢出效应作用效果的边界条件。
研究结论、理论贡献、研究启示与展望

图1.1　本书的技术路线

1.5　创新点

本书的创新点主要体现在以下几个方面：

（1）在理论上，本书将应用于解释跨文化层次上消费者偏好差异的自我构建理论，以及将探究消费者偏好逆转现象的信息框架理论应用到对消费者闲置物品回收问题的研究中，验证了自我构建理论和信息框架理论在回收领域研究的适用性，弥补了学者基于人口统计学变量对消费者进行分类，在探究外部信息干预策略作用于消费者回收行为意愿过程中得出的研究结论稳健性不足这一缺陷。

（2）在研究视角和方法上，本书从消费者心理的角度出发，借助心理学与消费者行为学相关理论，运用实验研究的方法对自变量进行操控并严格控制干扰变量的影响，揭示了外部干扰因素与消费者因素共同作用下消费者闲置物品回收参与意愿形成的内在心理机制，弥补了已有采用问卷调研方法相关研究无法准确探究自变量与因变量间的因果关系，对消费者回收行为意愿心理机制探究比较粗浅这一不足。

（3）在研究思路上，本书以闲置物品回收为主题，通过引入可接近性—可诊断性模型、一致性理论和道德许可效应理论，探寻了消费者闲置物品回收行为产生的溢出效应及其干预机制，弥补了以往研究主要关注影响消费者回收行为决策或行为意愿的前置变量，较少关注回收行为可能产生的后置结果以及促进或抑制该后置结果的有效方式和方法这些不足。

第 2 章　文献综述与研究述评

现实生活中的环境保护和资源浪费问题受到了业界的关注，也引起了学术界的广泛关注（Isa et al.，2016）。为提升消费者的环保意识和资源节约行为，学者们不断探讨促进消费者绿色生活、绿色消费的有效方式或策略（Royne et al.，2012；White et al.，2011；Kim and Kim，2014）。在研究过程中，学者们认为闲置物品回收这样的绿色行为涉及独立的自我控制权衡，从短期来看，简单地将闲置物品直接丢弃更加方便，自身付出的成本更低；从长期来看，将闲置物品进行回收再利用有益于社会或他人。消费者的利己属性同践行可持续消费和生活行为需要的利他属性存在矛盾（Kronrod et al.，2012）。消费者在促成可持续消费和生活行为的过程中为他人或社会做出贡献是一种期望行为，放弃个人资源是一种非期望行为（Lehman and Geller，2004）。这导致消费者在实施可持续消费和生活行为过程中存在很多障碍，促使消费者实际产生可持续消费和生活行为的动力很弱（Kronrod et al.，2012）。此外，消费者在践行可持续消费或生活行为过程中会形成两种截然相反的心理认知：一种是认为自己已经为社会和他人做出了应有的贡献，在以后的行为中“有权”做一些违反道德和社会规范的事情；另一种是认为自己在以后的行为中要继续保持“亲社会的人”的形象。这些心理认知会影响消费者在未来践行其他相同或相似行为的可能性。如果消费者的闲置物品回收行为抑制了其在未来实施相同或相似行为的可能性，或产生的正向收益低于负向收益，毫无疑问，就要改变消费者的行为。要改变消费者的行为，就必须理解他们的行为动机，清楚运用何种手段能够改变他们的行为，在此基础上构建特定事件和问题来塑造和影响消费者行为（Naidoo，2011）。

在废旧物品回收再利用问题的研究中，业界和学术界不断争论“消费者为什么会回收”“如何鼓励消费者参与回收”等问题。业界倾向于认为回收是激励的结果；经济学家倾向于将回收视为产品需要销售；社会心理学家倾向于认为个体的回收行为是个体动机性诉求的影响结果。本书在系统梳理消费者回收行为以及溢出效应相关研究的基础上，找出了现有研究的不足；分析了现有基于信息框架理论或自我构建理论研究信息说服或消费者行为意愿与行为的研究成果，识别了信息框架与自我构建作用于消费者闲置物品回收参与意愿和溢出效应尚存在的研究空间。

2.1　消费者回收行为相关研究进展

消费者回收行为的研究主要集中在环境心理学和消费者行为学领域，学者从认知行为理论的角度对垃圾等废弃物品回收进行了探索（吴波等，2019），研究成果集中在消费者回收行为的概念界定、消费者回收行为的影响因素以及消费者回收行为的测量三个方面。部分学者关注到了消费者回收行为产生的结果效应。在这些研究中，对消费者回收行为影响因素的研究属于目前消费者回收行为研究的主要范畴。

2.1.1　消费者回收行为的概念界定

《牛津词典》将回收定义为对已经使用过的东西进行处理以便再次使用。《环境法词典》（Dictionary of Environmental Law）将回收定义为将废弃物品交还给生产系统以供生产产品使用，在切实可行的范围内保护不可再生和稀少资源，促进可持续发展。美国环保总局将回收定义为收集和处理那些本来会被当成垃圾扔掉的物料，将其制作成新产品的过程。Pieters（1991）认为消费者的回收行为是一个包含分类、存储以及移除三个步骤的过程。Schultz 等（1995）也将回收视为一个过程，他们认为回收是对已经使用过的材料进行收集、处理、再制造、再使用的过程。吴波等（2019）认为，根据回收起点的不同，可以将回收分为消费者回收和工业回收两大类。其中，消费者回收行为是指由消费者直接参与的回收中收集这个环节。借鉴吴波等（2019）对消费者回收行为的定义，本书将消费者的闲置物品回收行为定义为消费者将未使用的或停用的尚有利用价值的闲置物品通过网络回收平台进行收集。

2.1.2 消费者回收行为的影响因素

Kollmuss 和 Agyeman（2002）在解释个体为什么会产生亲环境行为，导致个体亲环境行为的障碍是什么等问题时指出，个体亲环境行为的形成是一个复杂的问题，其会受到人口、制度、经济、社会、文化等外部因素以及动机、环保知识、意识、价值观、态度、情感、控制点等内部因素的影响，无法运用单一的理论框架或范式对其进行完整的解释。消费者的回收行为属于亲环境行为的范畴，也会受到其价值观、社会文化、个人特征、激励因素以及其他情境因素等诸多因素的影响。根据学者的研究成果，可以将影响消费者回收意愿及行为的因素归结为四大类：外部因素、产品因素、认知与心理因素、个人特征因素。

（1）外部因素。

Hornik 等（1995）认为金钱作为刺激个体回收行为的外在因素，它的刺激作用会随着激励的消失而消失，内部激励才是刺激个体参与回收的最佳策略，他们在研究中指出服务性企业是提升个体积极参与回收的内在和外在动力。Zeng 和 Amy（2013）发现，在生命周期结束后通过再制造或回收的普通电子产品产生新利润的逆向供应链收益共享合作机制，零售商的外部激励是提升消费者回收参与意愿的关键因素。Halvorsen（2008）构建了社会规范通过自尊感知、愧疚感、温情以及社区尊重和惩罚影响回收决策的模型，得出的研究结论与 Zeng 和 Amy（2013）的研究结论不同。Halvorsen（2008）的研究结果发现，温情效应、社会和道德规范能够提升消费者参与回收的努力程度，时间的机会成本负向影响消费者回收行为；强制性措施和激励措施均不会对消费者回收行为产生挤出效应。O'Connor 等（2010）以学生、教师、工作人员以及游客为被试的实验研究发现，垃圾桶是否方便使用会显著影响个体的回收行为。Largo－Wight 等（2013）基于计划行为理论和合理行为理论等行为—意图模型的相关研究也证实了同样的结论，认为便捷性是影响个体回收行为的关键因素。Andrews 等（2013）的研究发现，不同类型的垃圾箱组合能够影响消费者的回收行为，如果在废物垃圾箱旁边摆放两到三个其他的垃圾箱能够提升垃圾回收精度和消费者的回收意愿。基于扩展的计划行为理论，Chan 等（2013）的研究表明，道德规范、主观规范和感知行为控制显著影响个体的回收意愿和回收行为。Ebreo 和 Vining（2001）的研究表明，对未来的关注会影响消费者的回收行为意愿和减少废物行为意愿，但是消费者的回收行为意愿与减少废物行为意愿之间不存在等价关系。也就是说，消费者选择减少废物并不一定会产生回收行为，反之亦然。Bagozzi 和 Dabholkar（1994）的研究认为回收目标及目标等级对消费者的回收态度产生不同影响，在消费者回收过程中，具体目标会向抽象目标转移，且态度和过去行为经验会影响目标与回收行为决策间的关系。Han 等（2018）通过探究社会规范、牺牲意愿和个人规范之间的复杂关系来研究旅游消费者的废物减少和回收意愿。结果表明，描述性规范、强制性规范和牺牲意愿对个人规范有显著影响；描述性规范和强制性规范直接或通过个人规范的中介作用间接影响个体的亲社会意愿。此外，他们的研究还发现性别在强制性规范与行为意愿间关系中起到了调节作用。基于禀赋效应视角，张永芬等（2019）研究了情感依恋和收入效应对消费者废旧手机回收意愿的影响机理。调研结果发现，在消费者收入较高或较低的情境下，相较于情感依恋，收入效应对消费者废旧手机回收意愿的影响更强，而且在较高收入情境下回收意愿较高，在较低收入情境下回收意愿较低。对于中等收入的消费者，相较于收入效应，情感依恋对消费者废旧手机回收意愿的负向影响更强（张永芬等，2019）。

部分学者探究了外部干预策略中的信息策略如何影响消费者的回收行为。White 等（2014）的研究发现，公共环境往往会增强公众的自我意识或对他人可以观察和评价自己的公共方面这一事实的敏感性，这导致相较于私人场合，公共场合规避群体的回收行为信息更能刺激消费者的回收意愿和行为。Wang 等（2017）的研究发现，与非可爱信息相比，呈现积极的可爱信息对高行为趋近系统个体回收意愿的刺激作用更加明显；呈现可爱信息与非可爱信息对低行为趋近系统个体回收意愿的刺激作用没有显著差异。基于精细加工可能性模型，Werner 等（2009）的研究发现，对回收不便的确认能够增加个体的回收行为，有合理化抱怨的弱信息提示牌比强信息提示牌更能增强个体的回收行为，这种增强作用在提示信息被移除之后表现得更加明显。Pelletier 和 Sharp（2008）认为，说服性信息是诱发个体改变特定行为的第一步，为了提高沟通和说服策略的有效性，回收广告信息必须与特定的目标受众相关，以提升其对目标受众行为产生预期影响的可能性。Bezzina 和 Dimech（2011）基于计划行为理论以及利他行为模型研究马耳他居民的回收行为时发现，个体回收态度、规范、激励因素等均会影响其回收行为，环保沟通策略能够增强消费者对回收的信念和认知。

（2）产品因素。

Trudel 等（2013，2016a）认为消费者的回收行为会受到废旧产品外部特征的影响。通过实验以及实证调研发现，消费者关于物品回收或者丢弃的决策取决于消费过程中物品外形的损毁程度，因物品外形大小和形状变化或损毁导致消费者感知物品有用性程度降低，其对该物品的回收意愿降低。除了产品外部形状的变化以外，Trudel 等（2016b）的进一步研究发现，产品或产品品牌与消费者自我身份的一致性也会影响消费者的回收意愿和行为。将同自身身份相关程度高的产品当成垃圾扔掉让消费者感知自身身份受到了威胁，而将给自身身份造成负面联想的产品扔掉代表自身身份与产品的分离。上述因素导致消费者感知产品与自我的相关程度越高，其越倾向于对产品进行回收；消费者感知产品与自我的相关程度越低，其越倾向于将产品当成垃圾直接丢弃。

（3）认知与心理因素。

社会心理学家构建了理性行为模型、行为—意图模型、亲社会模型三种模型用于探究认知与心理因素同消费者回收意愿或行为间的因果关系。在持续的探索中，有学者指出，消费者参与回收的意愿或行为不能简单地解释为受到某一种因素或几种因素的影响，它可能会受到认知、情感、伦理道德等多种因素以及不同因素间交互作用的影响。

基于理性行为模型，Rioux（2011）对102名14～17岁青少年的问卷调研发现，青少年的回收行为会受到其伦理因素（环保价值观）、情感因素（邻里依恋）以及认知因素（感知行为控制）的影响，个体环保知识的增长引发了个体对环保的积极态度，从而促进了个体环保行为的实施。基于计划行为理论，陆莹莹和赵旭（2009）以废旧家电和电子产品为研究对象的探索发现，态度或行为变量中的过去行为习惯、行为控制以及对回收经济性的态度显著影响居民回收行为，主观规范对居民的回收行为没有显著影响；人口统计学变量对居民回收行为的影响没有达到显著；居民对集中回收方式的偏好程度是高于零售商上门回收的。基于扩展的计划行为理论，Best等（2013）的研究发现，价值观和原始信念决定了消费者对环保的一般态度，后者又决定了消费者对回收的具体态度。

鉴于"互联网+回收"在创新资源回收类型改变回收商业模式方面的重要性，李春发等（2015）认为"互联网+回收"就是将互联网信息技术与传统的资源回收工作进行有机结合，利用网络信息技术的优势解决传统回收难以解决的问题，提升资源回收利用率。他们以TAM理论为理论基础，运用结构方程模型对消费者电子废弃物网络回收行为进行了研究。结果发现，电子废弃物回收网站的交互性直接或通过消费者交易感知间接影响消费者的回收行为。基于信息传播理论和技术接受模型，王昶等（2017）的研究发现，消费者的"互联网+回收"态度受到感知有用性、感知收益以及主观规范的显著正向影响；感知易用性及感知风险对其影响不显著，消费者的感知易用性能够通过感知有用性的中介作用间接影响消费者的"互联网+回收"态度。消费者的"互联网+回收"意愿受到主观规范及感知收益的直接或间接影响，感知有用性、感知风险以及感知控制难以直接影响意愿，感知有用性可通过态度间接影响消费者"互联网+回收"意愿。消费者的"互联网+回收"态度和意愿均会受到人口统计学变量的显著影响。

基于行为—意图模型，Tudor等（2011）一项针对英国566名员工的调查显示，员工的环保行为会受到其环保态度、价值观以及信念的影响，具体表现为在家庭生活中参与回收的员工更有可能在工作中也参与类似的活动。以交易成本理论和信任理论为理论基础，许民利等（2018）的研究表明，“互联网+回收”情境下，居民参与互联网回收的感知价值和感知风险均显著影响其对交易过程中评价成本的感知，感知风险也显著影响交付成本。信任因素中品质信任对居民参与互联网回收过程中的评价成本和交付成本均有显著负向影响，对互联网回收参与意愿具有显著正向影响，能力信任和正直信任分别对评价成本和交付成本有显著负向影响。评价成本和交付成本均显著负向影响居民的互联网回收参与意愿，前者的影响更强。基于互联网环境下口碑对消费者心理与行为影响的重要性，李春发和冯建军（2019）探究了网络口碑特性对消费者回收参与意愿的影响。结果发现，口碑发布者特征、信息质量和数量、回收平台服务质量以及信息发布渠道均会影响消费者“互联网+回收”参与意愿，感知信任在上述影响中起到了不同程度的中介效应。

亲社会模型关注“为他人提供收益的故意行为”（Rioux，2011）。为了理解该种“故意行为”，学者研究了社会规范对个体回收参与行为的影响。Nomura 等（2011）根据是否将街道的食物回收比例反馈给被试，将 318 个街道随机分为实验组和对照组的研究发现，与未接受处理的对照组相比，实验组被试的食物回收参与度得到显著提升。基于此，他们认为社会规范是影响个体参与回收的关键因素。

Ewing（2001）的研究发现，个体的利他主义、利己主义以及规范主义价值观均会影响其回收行为。具体而言，相较于利己主义，利他主义因激发了消费者对环境效益的信念且削弱了消费者对回收便捷性的感知，其对消费者回收意愿的影响最强；利己主义激发了消费者对回收不便捷和成本的感知，对消费者回收参与意愿具有消极影响。他的研究还表明，消费者对不同类型物品的回收态度会受到其家庭成员和回收便捷性这些外部因素的影响。Kidwell 等（2013）通过研究消费者政治意识形态与信息诉求一致性如何提升消费者的可持续行为发现，消费者的政治主张通过影响其对社会责任、自身主观感受的评价，进而影响其回收行为。信息与个性化道德准则（individualizing moral foundation）契合度高时对自由党消费者回收行为的劝服效果更好；信息与约束性道德准则（binding moral foundation）契合度高时对保守党消费者回收行为的劝服效果更好。

Ojala（2008）认为个体对环保的情感态度会影响其回收行为。通过对青年群体的调查研究，他发现对环境问题消极情感中的担忧与积极情感中的希望两种混合情感容易引发个体的回收行为。此外，他的研究还发现，不愿意回收的个体存在矛盾状态，他们一方面认为回收作为一种环保行为是公民的责任与义务；另一方面认为现有信息无法将年轻人的环保生活理念与年轻人的日常生活相结合，自我效能感较低。Anghelcev 和 Sar（2014）认为，社会营销传播的有效性既取决于信息特征，又取决于信息接受者的心理特征。他们的研究发现，个体的情绪和信息框架存在一致性，这种一致性提升了个体对信息的评价，增强了其回收态度。对处于消极情绪的被试，相较于强调预期结果，当广告强调避免负面影响时，被试对广告信息的评价更高，回收意愿更强；对处于积极情绪的被试，相较于强调避免负面影响，当广告强调预期结果时，被试对广告信息的评价更高，回收意愿更强。Koestner 等（2001）关于回收的研究发现，与没有负罪感的个体相比，具有负罪感的个体表现出更强的回收意愿。

（4）个人特征。

部分学者认为，回收作为一种基本的公民社会行为，会受到个人特征的影响。Diamantopoulos 等（2003）的研究发现，女性比男性更加愿意参与回收，年龄大的人比年龄小的人更愿意参与回收，受教育程度高的人比受教育程度低的人更愿意参与回收，社会阶层高的人比社会阶层低的人更愿意参与回收。Saphores 等（2006）以电子垃圾为对象的研究发现，性别、受教育程度、便利性和环保信念而非收入或政治背景是影响个体回收意愿的关键因素。Laidley（2013）的研究也表明，个体的回收行为会受到其受教育程度的显著影响，且个体受教育程度对回收行为的影响要高于金钱刺激。Sidique 等（2010）的研究发现，消费者的回收行为与年龄、受教育程度、收入以及家庭规模呈正相关关系。

与上述几个研究不同，Ashenmiller（2009）的研究表明，如果回收能够带来经济收益，则低收入人群如拾荒者的回收行为更高。在不断深入的研究过程中，学者发现，人口统计学特征与消费者回收行为意愿或行为间的因果关系不稳定，个体的回收行为更可能受到一些态度变量和行为变量的影响，应该将研究重心放到外部干扰因素以及认知与心理因素上（吴波等，2019）。

2.1.3 消费者回收行为的测量

学者主要通过两种方式对消费者回收行为进行测量：一是对消费者在现实生活或实验室中的实际回收行为进行观察或记录测量其回收行为；二是利用测量量表的方式评价消费者的回收行为。

对实际回收行为观察或记录的方法主要是记录和观察消费者回收垃圾的种类、数量、体积、频率等。Lord（1994）通过记录住户回收垃圾的种类、数量和重量来测量其回收行为。Everett 和 Peirce（1992）通过记录和观察住户参与垃圾回收的频率和比例来测量其回收行为。实验室观察回收行为的方法是观察和记录被试是否将实验剩余物品扔进可回收垃圾桶。Trudel 等（2016a）在实验室中设置了普通垃圾桶和可回收垃圾桶两种类型的垃圾桶，通过实验室观察消费者是否将实验剩余垃圾扔进了可回收垃圾桶来测量其回收行为。

利用测量量表对消费者回收行为进行测量的方式主要是询问消费者回收了哪些废旧物品或者其未来的回收行为意向或倾向。Kronrod 等（2012）利用“我们必须回收塑料容器”“回收塑料容器是值得的”两个题项来测试消费者的回收行为。梁慧娟（2012）利用“今后半年内参与废旧家电回收的可能性评价”等三个题项测试消费者的废旧家电回收行为。王昶等（2017）利用“我愿意向亲朋好友推荐网络回收”等三个测试题项测量消费者的回收行为意愿。在消费者回收行为的研究中，学者认为实际回收行为往往难以获得数据且获取数据的成本较高，在学术研究中通常将回收行为意愿或行为倾向操作为回收行为的代理变量，并通过测量量表的方式来检测消费者参与回收的行为意愿或行为倾向。

2.1.4 消费者回收行为已有研究框架与不足

通过对以往相关文献的归纳和整理，本书发现现有回收相关研究主要基于计划行为理论等经典理论探究行为态度、感知控制、主观规范等对消费者回收行为意愿的作用机理，这些研究在一定程度上对消费者回收行为意愿与行为的形成机制有所揭示，能够为本书的研究提供理论与方法借鉴。现有研究存在的不足以及“互联网 + 回收”模式下消费者闲置物品回收行为尚值得探究的问题如下：

（1）现有研究探究了消费者个人特征因素对其回收行为意愿的影响。因缺乏基于心理变量对消费者进行归类和划分，一方面使这些研究结论的稳健性不足，另一方面导致现有研究对消费者回收行为意愿影响因素和心理机制的探讨比较粗浅。因而急需找出相对稳定的个体差异因素，探究其与影响消费者心理认知的外部因素共同作用于消费者回收参与意愿的内在心理机制。

（2）现有回收相关研究主要采用传统的问卷调研方法探究多个变量与消费者回收行为意愿或行为的因果关系；采用实验研究的方法研究消费者回收行为意愿或行为逐渐受到了学者的关注，部分文章已经发表于 *Journal of Consumer Research*、*Journal of Marketing* 等顶级期刊上。采用传统问卷调研方法的研究一方面无法控制干扰变量对行为意愿或行为的影响导致研究结论存在矛盾；另一方面无法测量多个因素对消费者认知或情感的协同影响机理，难以找出消费者回收行为意愿或行为形成的心理机制，无法诠释外部干扰因素影响消费者回收行为意愿或行为的复杂过程。目前采用实验研究的方法探究了产品因素对消费者回收行为意愿的影响，分析了信息框架与消费者情绪、政治意识形态以及信息解释水平等因素交互影响消费者回收行为意愿的作用效果，更多的心理与行为变量与信息框架之间形成的调节匹配对信息劝服性效果的影响机理值得探究。

（3）现有研究识别了影响消费者废弃物品回收参与意愿或行为的因素，闲置物品与废弃物品存在差异导致影响消费者参与废弃物品回收的因素不能直接用于解释消费者的闲置物品回收参与意愿，因而急需探索出能有效解释消费者闲置物品回收参与意愿的因素。

（4）现有关于回收的研究聚焦于影响消费者参与回收的前置变量，仅环境心理学领域几篇文献关注了消费者参与垃圾分类回收行为产生的后置结果。具体研究如Kidwell等（2013）的研究发现，消费者的垃圾回收行为会提升其环保产品购买意愿。Truelove等（2016）的研究发现，消费者的塑料瓶回收行为会降低其绿色基金支持度。徐林和凌卯亮（2017）的研究指出，政府的垃圾分类政策对居民节电行为的溢出效应存在显著差异。垃圾分类的宣传教育政策对居民节电行为产生显著的正向溢出效应，垃圾分类的激励政策对居民节电行为产生显著的负向溢出效应，上述溢出效应的效果会受到政策目标行为执行难度的影响。消费者的当前行为可能会影响未来决策，消费者的闲置物品回收行为是否会影响其他亲社会行为，在亲社会行为中存在与回收行为同属于生态行为的其他环保行为以及同环保无关的亲社会行为，回收行为对这些行为的溢出程度如何现有研究尚未给出明确答案。

2.2 溢出效应相关研究进展

溢出效应概念提出之初是指某一主体的行为或属性特征会影响到与该主体有一定联系，但自身未包含该种行为或属性特征的其他主体的现象（Ahluwalia et al.，2001）。在研究之初，学者主要基于同化—对比效应、可接近性—可诊断性模型研究产品伤害危机、竞争与共同品牌以及企业社会责任等问题。随着研究的深入，学者逐渐开始借助行为一致性理论、认知失调理论、社会认同理论以及道德许可效应来研究广告与信息、特定行为等产生的溢出效应。现有研究聚焦于溢出效应的内涵与分类、产生机制以及信息或行为产生溢出效应的效果，少数学者探究了可能促进或抑制溢出效应作用效果的干预策略。

2.2.1　溢出效应的内涵和分类

在广告与信息沟通的研究中，溢出效应是指信息会影响消费者对信息中未包含方面的认知（Ahluwalia et al.，2000）。Ahluwalia 等（2000）的研究发现，一则有关清洁剂去污能力强力有效的广告可能导致消费者推测该清洁剂对细软的针织物品有强腐蚀作用，即使广告信息并未提及清洁剂的坏处，广告的溢出效应导致消费者对未在信息中提及但是却与清洁剂相关的另一属性的认知。从效价来看，广告与信息沟通的溢出效应可以分为正面溢出效应和负面溢出效应，前者是指主体事件或信息提升了消费者对其他事件或信息的评价；后者是指主体事件或信息削弱了消费者对其他事件或信息的评价（王虹等，2019）。主体事件或信息到底产生正向还是负向溢出效应受到事件或信息与溢出客体之间可接近性和可诊断性程度的影响。

在消费者行为的研究中，溢出效应是指某领域的特定行为对该领域其他行为具有增强或抑制作用（Dolan and Galizzi，2015；Susewind and Hoelzl，2014）。若第一种行为增强了个体实施第二种行为或在不同的时间、环境中实施相同行为的可能性，则该种行为产生正向溢出效应；反之，若第一种行为的实施降低了第二种行为发生的概率，则该种行为产生负向溢出效应（Truelove et al.，2014）。在行为溢出效应的研究中，学者得出了截然相反的研究结论。Spence 等（2014）的研究指出，征收胶袋税在影响消费者对塑胶袋消费情况的同时影响了消费者的回收行为；呼吁节能行为提升了消费者的其他环保行为意愿。Tiefenbeck 等（2013）的研究则发现，每周向消费者提供其用水信息显著降低了其家庭的用水量，但是这种呼吁节约用水的方法却增加了他们的用电量。Stavins 等（2008）的研究发现，消费者微小的个人行为，回收或随手关灯让其感知自身为环境变化做出了应有的贡献，这种感知降低了其对环保政策的支持度。

借鉴行为溢出效应的相关研究成果，本书中溢出效应是指消费者的闲置物品回收行为能够对其他亲社会行为产生促进或抑制作用。

2.2.2 溢出效应的产生机制

学术研究中关于溢出效应产生的心理机制有可接近性—可诊断性模型、同化—对比效应、一致性理论、自我认同理论以及道德许可效应。

（1）可接近性—可诊断性模型。

可接近性—可诊断性模型是由 Lynch 等在 1988 年提出的，该模型认为信息的可接近性和可诊断性决定了其是否会影响消费者的认知评价。可接近性是指消费者从记忆中提取和运用信息的难易程度。一般而言，信息的可接近性会受到信息使用频率、信息接收时间、信息本身的生动性等的影响。可诊断性是指信息能够被消费者作为判断标准进行使用的有效程度。信息与事件的关联性等会影响信息的可诊断性（吴剑琳，2017）。Feldman 和 Lynch（1988）在研究中指出，因干扰效应的存在，易被个体提取的信息其可接近性更强，进而削弱了其他信息的可接近性；因个体的注意力有限，当个体同时能够提取两条或多条信息时，某条信息可诊断性的提高会降低其他信息的可诊断性。在品牌危机溢出效应研究中，方正等（2013）认为，当消费者能够通过 X 品牌信息联想到 Y 品牌时，那么后者对前者具有可接近性；当消费者能够依据 X 品牌信息对 Y 品牌做出认知判断时，那么前者对后者具有可诊断性。

（2）同化—对比效应。

同化—对比效应通常用于解释负面信息对竞争对手产生溢出效应的作用机制（Borah and Tellis，2016）。以产品伤害危机为例，同化效应是指消费者会基于品牌负面事件信息对竞争品牌或品类进行评价，进而影响其对竞争品牌或品类的消费态度和认知。与同化效应相反，对比效应是指产品危机发生后，受讯企业不仅没有受到发讯企业危机事件的影响，反而因此增加了市场份额和市场利润（Xie and Keh，2016）。基于产品危机的可辩解类型，曾伏娥等（2019）的研究发现，可辩解型和不可辩解型产品危机分别对受讯企业产生对比效应和同化效应。在商业实践中，受到对比效应的影响，2015 年“大众汽车排放门事件”提升了消费者对丰田汽车的评价，说明“大众汽车排放门事件”对丰田汽车产生了正向溢出效应。受到同化效应的影响，2012 年的“肯德基速成鸡事件”也同时削弱了消费者对麦当劳和德克士的评价，说明“肯德基速成鸡事件”对麦当劳和德克士也产生了负向溢出效应。

（3）一致性理论。

一致性理论指出个体具有行为一致性的社会动机。当个体的观点或行为不一致时，他们可能会面临旁观者认为其是虚伪的或言行不一的等社会不认可的威胁（Suh，2002）。在希望保持正直道德形象的情况下，人们往往具有向他人展示自己一贯形象的动机（Tedeschi et al.，1971）。根据 Dickerson 等（1992）关于认知失调理论的自我一致性修正，令个体最担忧的不一致性因素是威胁到个体作为有能力、有道德、可靠的人的自我概念的因素。个体的亲社会行为在一定程度上会被他人看到，希望构建积极道德形象的动机促使个体的一种亲社会行为可以激发个体产生更多的亲社会行为。人们具有保持一致性愿望的研究成果为积极溢出效应的产生提供了潜在解释。学者指出，为了避免认知失调和认知失调所带来的不安，人们可能会在不同的环保行为之间采取一致的行动，从而使一种环保行为对另一种环保行为产生积极的溢出效应。利用因子分析的方法，Tobler 等（2012）的研究发现，消费者的某一种环保行为会正向影响其他环保行为，且这些环保行为以及环保行为与政策支持之间存在正相关关系。

（4）自我认同理论。

社会身份是个体基于一个群体或一类群体定义的自我身份，自我认同（Self－identity）是自我概念（Self－concept）的核心部分，它代表了个体如何认知自我，能够影响个体的行为决策或行为（Sparks and Shepherd，1992）。个体对自我身份的认知为行为一致性效应提供了关键解释。Freedman 和 Fraser（1966）的研究认为，个体最初的行为形成了其作为特定类型的人的自我认知，这种自我认知会引导个体按照该种类型人的行为方式行事，如果后续行为与该种自我认知存在冲突就会引发个体强烈的认知失调。Van der Werff 等（2014）的研究发现，仅仅提示人们过去的环保行为就可以加强他们的环境自我认同，这种强烈的环境自我认同能够增加其在未来的生活和消费过程中践行节约用水、节约能源、参与环保消费、减少肉类消费等环保行为的可能性，环境身份认同在两者间的关系中起到了完全中介的效应。Burger 和 Caldwell（2003）的研究发现，因金钱回报而帮助无家可归的人的被试在后续的食物募捐活动中表现出更低的行为意愿；相反，因自身是一个“乐于助人”的人而帮助无家可归的人的被试在后续的食物募捐活动中表现出更高的行为意愿。此外，与付出低努力程度的最初行为或未践行亲社会行为的个体相比，当个体为最初的亲社会行为付出了较高的努力时，其在后续的行为中更易表现出更多的亲社会行为。个体为最初行为付出的努力程度较低导致原始行为未能有效激活个体的亲社会认同，不能激发个体的行为一致性动机，进而可能促使原始行为产生负向溢出效应（Gneezy et al.，2012）。

（5）道德许可效应。

道德许可效应起源于社会歧视理论，在最初关于社会歧视的研究中，Monin 和 Miller（2001）发现，过去自身的非歧视态度让个体获得“道德许可”从而在后续行为中表现出歧视行为。随着研究的深入，道德许可效应被广泛应用到亲社会行为和消费行为领域。在行为溢出效应领域，道德许可效应是指初始的道德行为提升了个体的道德自我形象，这导致个体在后续表现出反社会或不道德行为（Merritt et al.，2010；Blanken et al.，2015；Nash et al.，2017）。道德许可效应认为“道德许可”的存在导致个体的行为呈现出“先好后坏”的变化，个体对道德自我形象的调节是一种潜在的负向溢出机制（Maki et al.，2019；Burger et al.，2022）。即个体之前的亲社会或道德行为让其感知在之后的行为中被“许可”行使违背社会规范或道德的行为（Blanken et al.，2015）。社会心理学中关于道德调节的研究表明，道德行为在一定程度上是由个人对自身道德形象的自我认知所驱动的。个体在从事被认为是符合道德规范的行为后，会产生更高的道德感知；在从事被认为是不符合道德规范的行为后，会产生道德自我形象被侵犯的感知。更重要的是，当个体的道德自我形象受到威胁时，个体更有可能表现出“道德”行为，当最近的道德行为提升了其道德自我形象时，这种情况就不太可能发生。

学者通过研究个体被许可不参与社会责任行为、违背社会规范和法律的行为三种行为来解释道德许可产生的负向溢出效应。Mazar 和 Zhong（2010）的研究发现，购买绿色产品的消费者比购买传统产品的消费者更有可能产生作弊和偷窃行为，而且那些购买过绿色产品的消费者在后续消费过程中不会再优先选择绿色产品。Klockner 等（2013）的研究发现，购买电动汽车的车主比购买传统汽车的车主感知环保责任更低，在后续的行为中表现出更多的非环保行为。Cornelissen 等（2013）的研究发现，在不同的道德规范下，回忆产生的道德（VS. 不道德）行为与作弊存在相关关系，道德自我形象水平在上述相关关系中起到了调节作用。

2.2.3　溢出效应的应用研究

（1）广告与信息溢出效应相关研究。

广告溢出效应会导致因产品之间的关联性促使某企业的广告对本企业和相关企业的产品市场均产生促进或抑制作用（Rutz et al.，2008）。根据行为一致性理论，Summers 等（2016）的研究指出，即使没有明确的标签信息，定向行为广告也能够引导消费者调整自我认知，使其行为与广告隐含的社会标签相匹配。当定向行为广告标签与消费者先前的行为存在一定联系时，上述自我认知能够影响消费者对广告产品的购买意愿和其他与隐含标签相关的行为。

以品牌延伸为研究对象，Ghose（2003）的研究发现，延伸品牌广告对消费者母品牌选择具有溢出效应。基于产品同质性程度对广告溢出效应影响的探究，Norman 等（2008）的研究指出，在产品同质的情况下，同行之间存在“搭便车”行为，进行广告活动的企业其获得的收益会向同行企业溢出，进而导致其广告投放的低效率。Anderson 和 Simester（2013）的研究也发现，在产品同质性高的情况下，竞争对手广告能够增加消费者对零售商自身产品的购买量。Janakiraman 和 Dutta（2009）的研究进一步指出，只有当产品足够相似时，竞争品牌之间才会出现上述溢出效应；当品牌之间差异性强时，溢出效应不明显。同时，Janakiraman 和 Dutta（2009）的研究发现，竞争性品牌之间的溢出效应通过“第一印象感知溢出”和“动态感知溢出”两种方式发生。前者主要是指在新品牌进入市场时，消费者借鉴对已有品牌的认知对新品牌的质量进行判断；后者主要是指在新品牌进入市场过程中，消费者通过消费经历对新品牌产品产生的认知和判断。

在研究不同产品生命周期广告溢出效应的过程中，Farr 等（2001）以香烟广告为研究对象的探索发现，广告在产品成长期和成熟期市场的溢出效应效价相反。在成长期广告对产品市场起到了正向的溢出效应，在成熟期起到了负向的溢出效应。Bagwell（2005）指出，出现上述两种相反溢出效应的原因是，在产品成长期，广告扩大了整个产品市场的份额，其对不同品牌的相似产品产生了正向溢出效应；在产品成熟期，市场规模已经确定，广告的目的是降低同类产品其他品牌的市场份额进而增加广告目标产品的市场份额，其对其他品牌产品产生了负向溢出效应。晋向东等（2018）以强势品牌广告竞争为对象的研究发现，在产品市场成熟期，强势品牌广告竞争会降低消费者对弱势品牌的态度。强势品牌广告对弱势品牌产生负向溢出效应的效果会受到消费者产品涉入度和产品属性的影响。相较于低涉入度产品，高涉入度产品的弱势品牌更不容易受到强势品牌广告竞争的影响；强势和弱势品牌的相似性越低，强势品牌广告竞争对弱势品牌的溢出效应越弱。

在研究在线广告的溢出效应过程中，Lewis 和 Nguyen（2015）的研究发现，在雅虎网页上发布广告同时增加了消费者对广告客户品牌以及广告客户竞争对手品牌的搜索，且竞争对手品牌搜索量的增加程度是广告客户品牌的 2～8 倍。Sahni（2016）的研究指出，在线广告溢出效应的程度取决于广告强度。当广告强度较低时，溢出效应最大，随着广告强度的增加，溢出效应消失。在研究网络口碑对企业品牌的溢出效应过程中，以“圆通夺命快递”事件为例，何跃等（2015）的研究发现，品牌丑闻对本身未发生丑闻的竞争品牌的溢出效应强度和方向各不相同。具体来讲，正面溢出效应的强度低于负面溢出效应，且后者的持续时间更长。

（2）行为溢出效应相关研究。

行为溢出效应会导致某一领域的特定行为提升或降低个体对该领域其

他行为实施的可能性（刘建一和吴建平，2018）。行为溢出效应相关研究主要借助行为一致性理论、自我认同理论以及道德许可效应对不同行为间的溢出效应进行分析，少数学者关注了信息干预策略在行为溢出效应产生过程中的干预作用。

基于行为一致性理论的研究认为，消费者的某一行为会向该领域其他行为产生正向溢出效应。Cornelissen 等（2008）的研究发现，个体在某一特定领域内采取有利于环境的行为不仅可能改变其对该行为的态度，而且还可能激发个体的整体心理倾向，影响到其在其他领域未来可能实施的行为。Thogersen 和 Noblet（2012）的研究发现，消费者日常的绿色行为影响其对风电发展的态度。Willis 和 Schor（2012）的研究发现，消费者的意识消费没有对政治行为主义产生“挤出”效应，反而对其具有“挤入”效应，意识消费强的消费者因具有较高的行为一致性，会更加积极地参与各种形式的行动主义。例如，从标准的消费选择转向更环保或更符合道德规范的产品或服务的绿色消费主义者与政治激进主义密切有关。Lanzini 和 Thogersen（2014）的研究发现，消费者的绿色消费行为对其他环保行为尤其是节约用水、双面打印这样的低代价环保行为具有积极的溢出效应。同时，他们的研究还发现，金钱刺激对其他环保行为溢出效应的激励效果至少与口头鼓励和表扬的程度相同。Van der Werff 等（2014）的研究发现，消费者的燃油节约驾驶风格对其减少肉类消费意愿具有正向的溢出效应，环境身份认同在两者间的关系中起到了完全中介的效应。Wheeler 和 Demarree（2009）的研究认为，参与环保活动启动了消费者的环保自我认同，进而促使其更乐意进行绿色消费。

自我认同是指个体给自身贴上的标签或定义自己的方式（Whitmarsh and Neill，2010）。个体接受来自他人的标签，他/她就会表现出与这个标签相一致的行为方式（Burger and Caldwel，2003）。自我认同是预测个体亲环境或亲社会行为的重要变量（Lacasse，2016；Truelove et al.，2016；Van der Werff et al.，2014）。学者们的研究发现，个体过去的亲环境行为促使他们认为自己是环保主义者或绿色消费践行者，这种认知增强了其环保自我认同，进而提升了其践行其他亲环境行为的可能性（Lacasse，2016；

Meijers et al.，2019）。例如，个体的环保行为（例如，燃油节约行为）促进了其绿色消费行为（Wheeler and Demarree，2009；Tate et al.，2014），强化了其环保政策态度（Lacasse，2015）。也就是说，个体先前的亲社会或亲环境行为如果激发了其自我认同，那么该行为就可能产生积极的溢出效应。

基于道德许可效应的研究认为，道德行为增强了个体的道德自我价值感知，进而增加了个体未来发生不道德行为的可能性。道德许可效应能够产生负向溢出效应的推测已经被学者证实。Merritt 等（2010）、Blanken 等（2015）、Lalot 等（2018）、Maki 等（2019）、Meijers 等（2019）的研究均发现，个体采取某种亲社会或道德行为后，道德许可导致其认为自身被允许参与反社会或不道德的行为。例如，Bamberg 和 Moser（2007）的研究表明，个体想通过环保行为来缓解自身对环境的负罪感等负面情绪。在基于元分析探究影响个体亲环境行为的心理——社会变量过程中，他们发现，个体的亲环境行为意愿中介了所有心理——社会变量对亲环境行为的影响。个体的亲环境行为意愿受到态度、行为控制以及个人道德规范三个因素的影响。个体的环保意识通过道德和社会规范、内疚感知以及归因间接作用于亲环境行为意愿。Karmarkar 和 Bollinger（2015）的研究发现，那些想象带着可重复利用购物袋到商店购物尤其当购物袋是自己愿意而不是商店要求的消费者更容易购买甜食。吴波等（2016）在研究环保活动参与对消费者绿色消费或享乐消费的影响过程中发现，受到道德许可的影响，那些认为环保价值观不重要的消费者，参与环保活动促进了其享乐消费倾向。Eskine（2013）的研究发现，与享乐食品情境下的被试相比，道德许可效应导致绿色有机食品情境下被试的志愿行为更少。王财玉（2020）的研究认为，绿色消费构建的道德形象促使消费者对许可行为做出合理化的解释，进而促进了不道德行为的产生。Lalot 等（2018）的研究发现，个体之前的亲环境行为降低了其向环保组织捐赠的意愿。提醒个体过去的环境友好行为降低了其在另一个领域正在进行的非环境友好行为的不适感，减少了改变后一种行为或减轻其消极结果的动机（Burger et al.，2022）。

（3）溢出效应的信息干预相关研究。

鉴于外部信息干预策略能够改变特定亲社会行为对消费者实施其他类

型亲社会行为的可能性，在探究行为溢出效应的过程中，部分学者对信息干预策略影响行为溢出效应的作用效果进行了研究。基于对环境信息框架与金钱信息框架影响能源节约行为溢出效应效果的探究，Spence 等（2011）指出，运用环境信息框架来表示能源减少可能会带来特定的社会价值，或者减少人们与气候变化之间的心理距离，进而更广泛地影响消费者的可持续发展行为。Evans 等（2013）的研究发现，相较于控制组以及以财务因素为理由解释汽车共享的必要性，以自我超越为理由解释汽车共享的必要性增强了消费者的回收行为。与之研究相似，Steinhorst 等（2015）的研究发现，环境框架情境下消费者节电行为对其环保意愿产生积极的溢出效应，这一效应在金钱框架情境下不显著。徐林和凌卯亮（2017）的研究发现，政府的垃圾分类政策对居民节电行为的溢出效应存在显著差异。

2.2.4　溢出效应已有研究框架与不足

广告与信息溢出效应方面的研究聚焦于探究产品或品牌广告与信息沟通策略对自身以及竞争对手产品或品牌的影响，这些研究为本书探究闲置物品回收信息反馈策略影响溢出效应提供了理论与方法借鉴。本书尚存在以下研究空间：

（1）以往研究大多关注如何测量信息沟通方式及其对消费者特定情境下心理与行为的作用效果，忽略了这些信息可能对其他相关或相似行为具有可诊断性。

（2）与产品或品牌的广告或信息因可接近性、可诊断性产生某一种类型的溢出效应不同，消费者亲社会行为的信息反馈策略一方面可能激发消费者的自我身份认同产生正向溢出效应，另一方面可能刺激消费者因道德许可感知产生负向溢出效应。现有研究缺乏对回收领域信息干预策略刺激回收行为产生的溢出效应及其形成机理的探究。

通过对行为溢出效应相关文献的梳理可以发现，学者的研究证明了溢出效应的存在，并基于不同的心理学理论对两种溢出效应的产生机制进行了解释。基于可接近性—可诊断性模型、行为一致性理论和社会认同效应的研究论证了过去亲社会行为通过激发或改变个体的自我认知或身份认同，进而正向影响其后续相同的行为以及与该行为相关的其他行为（徐林和凌卯亮，2017）。基于道德许可效应的研究认为，过去的亲社会行为增强了个体的道德自我形象，促使个体感知自身的道德形象高于理想道德形象，进而可能降低道德行为发生的频率（李谷等，2013）。总体来看，亲社会行为溢出效应尚存在以下研究问题值得进一步探究：

（1）现有研究一方面聚焦于探究不同行为间的溢出效应，对溢出效应形成机制的探究呈现出高度的“碎片化”，大部分研究都集中在传统环境下的能源节约领域，且研究结论存在矛盾；另一方面对外部干扰因素及其过程机制的研究较少涉及（刘建一和吴建平，2018）。溢出效应与行为干预策略的心理影响力紧密相关，不同类型的干预策略往往会激活消费者不同类型的价值观念、偏好或心理感知，进而改变其对其他亲社会行为的决策或行为。正向溢出效应和负向溢出效应可能是不同干预策略引发不同中介变量发挥的作用程度存在差异导致的，竞争性中介或许能够很好地解释亲社会行为溢出效应产生的矛盾结论。在“互联网 +”的环境下，识别能够增强正向溢出效应抑制负向溢出效应的有效外部干预策略，验证并挖掘这些干预策略激发溢出效应过程中产生的中介变量，了解这些中介变量发挥作用的内在机制，通过利用外部干预策略鼓励消费者的闲置物品回收行为，进一步激发消费者采取更多的亲社会行为具有重要的理论和实践价值。

（2）目前学者的研究结论存在矛盾导致行为溢出效应的研究没有形成容易理解、规范化的理论成果，进一步导致消费者行为的研究主要关注行为的前置变量，消费者行为的后置结果往往不被考虑或遗忘。已有行为溢出效应相关研究结论不一致的情况表明，有必要更加深入地研究正向或负向溢出效应，探究其他可能影响溢出效应方向发生改变的因素，以深入了解产生正向或负向溢出效应的原因。

（3）与回收行为相关的亲社会行为可以分为两种：一种是生态行为，主要包含绿色消费、节约能源、避免浪费等与环保相关的行为；另一种是二手产品购买、志愿活动、慈善捐赠、献血等与环保不相关的行为。目前，学者探究的溢出效应主要是不同环保行为之间的溢出效应，缺乏对特定环保行为向同属于亲社会行为的其他非环保类行为溢出效应的探究，也缺乏对环保行为对环保与非环保类亲社会行为溢出效应差异的挖掘。在“互联网 + 回收”的商业模式下，急需探究消费者闲置物品回收行为产生的溢出效应，阐明该溢出效应的作用机制。

2.3　信息框架与框架效应相关研究进展

2.3.1　信息框架与框架效应的内涵

信息框架是指信息在语言表达上通过强调使用推荐产品达到理想效果或避免不理想效果的语言策略（Levin et al.，1998），可以分为得益框架和损失框架（王丹萍等，2013）。前者强调采取某种行为能够获得的收益，后者强调不采取某种行为可能会产生的损失（Ellingsen et al.，2012；Leshner and Cheng，2009）。框架效应（framing effect）是 Tversky 和 Kahneman 在 1981 年研究“亚洲疾病”风险决策时发现的，它是指对同一问题因表达方式不同导致个体选择发生偏好逆转的现象。之后，Levin 等（1998）将信息框架效应分为风险框架效应、目标框架效应和属性框架效应三大类。风险框架效应是指对特定行为结果采用积极或消极的呈现方式导致决策者做出不同的偏好选择；目标框架效应是指强调采取或不采取特定行为产生的积极结果或消极结果引发个体的行为偏好或决策发生变化；属性框架效应是指将特定物体或事件的关键属性采用积极或消极框架进行表述引发个体对该物体或事件偏好程度的改变。

信息框架效应提出之初首先研究的是风险框架效应，学者将该理论运用到医疗和健康领域，用于探究个体对癌症检测（Schneider et al.，2001）、戒烟行为（Goodall and Appiah，2008）、皮肤癌的预防（Rothman and Salovey，1997）、艾滋病病毒检测（Apanovitch et al.，2003）以及献血（Hupfer，2006）等的态度改变和配合行为。随着框架效应相关研究的深入，Loroz（2007）运用框架效应解释了当某种经济活动涉及风险时消费者的决策偏好。之后，框架效应作为一种典型的非理性决策现象受到了实验经济学家和心理学家的关注，被广泛应用到消费、政治以及环保等领域的研究中（Chatterjee and Mcginnis，2010；Gallagher and Updegraff，2012；Gamliel，2013；Lecheler and Vreese，2011；Lord and Putrevu，1998；Chang et al.，2015）。社会偏好中的框架效应起源于 Tversky 和 Kahneman（1981）提出的风险框架效应，主要研究的是目标框架效应和属性框架效应。社会偏好中的框架效应与风险框架效应的差异主要表现在以下几个方面：一是两者的研究对象存在差异，风险框架效应关注与风险相关的偏好，社会偏好中的框架效应关注的是公平、利他及互惠偏好。二是两者的决策主体和博弈形式存在差异，风险框架效应决策主体主要是个人，社会偏好的框架效应决策主体范围广泛，可以是个人也可以是组织；风险框架效应主要的博弈形式为风险博弈，社会偏好中的框架效应主要采用公共品博弈和独裁者博弈。三是两者的理论解释存在差异，用于解释风险框架效应的理论主要是预期理论，用于解释社会偏好框架效应的理论往往是几个理论的整合。四是偏好逆转的程度不同，风险框架效应中个体的决策偏好完全逆转，社会偏好框架效应中偏好发生一定程度的逆转。五是两者的社会文化依存性存在差异，风险框架效应具有跨文化一致性，社会偏好框架效应会受到不同社会文化的影响（邓颖等，2016）。

2.3.2 信息框架与框架效应相关研究

行为趋近系统和行为抑制系统引导个体对有利和不利刺激进行反应（Shen and Dillard，2007，2009）。在行为趋近系统（Behavioral Approach System，BAS）作用下，个体具有对奖励、非惩罚非常敏感的欲望动机。相反，在行为抑制系统（Behavioral Inhibition System，BIS）作用下，个体具有对避免非奖励、惩罚的厌恶动机（Shen and Dillard，2009）。得益框架信息刺激个体向潜在的收益和非惩罚趋近，损失框架信息刺激个体避免潜在的惩罚或非奖励（Baek and Yoon，2017）。大量研究表明，信息以不同的方式进行表达时对消费者的说服效果存在差异，究竟是得益框架还是损失框架的信息劝服效果更好尚未达成一致结论。针对 2009～2010 年 H1N1 病毒传染期间公共场所含酒精洗手液使用率低的问题，Updegraff 等（2011）通过利用不同的信息框架刺激公众使用洗手液。结果发现，相较于控制组，得益框架或损失框架均提升了公众洗手液的使用率，得益框架的提升效果更好。针对疾病预测产品使用率低的问题，Cox 和 Cox（2001）的研究发现，损失框架比得益框架对消费者疾病预测产品使用的说服效果更好。相关学者认为，不同的信息框架刺激个体从不同的角度看问题，这导致具体哪种信息框架对受众的说服力更强依赖于情境因素（Shiv et al.，2004；王丹萍等，2014；Kulkarni and Yuan，2015）和个人特征（Meyers－Levy and Maheswaran，2004；于会会等，2012；Isaac and Poor，2016）。通过对国内外相关研究进行梳理，邓颖等（2016）认为，信息的框架效应会受到心理距离、价值取向、人格特质、社会规范、情绪等诸多因素以及因素间交互效应的影响。

（1）信息框架与广告说服相关研究。

在探究信息框架对广告说服的相关研究中，学者通常利用框架效应来突出广告中的视觉外观、修辞、得益或损失主题、积极或消极框架等（Shen and Dillard，2007）。Dong 和 Sung（2013）认为，广告信息框架效应是指广告采用不同的信息陈述方式导致其说服效果存在差异。王丹萍等（2014）的研究表明，信息框架通过与广告前提侧重点、真实性以及论证有效性共同作用于广告说服效果。具体而言，在前提侧重描述问题、真实性较低且论证有效的情况下，相较于得益框架，采用损失框架能够提升广告的说服效果。反之，在前提侧重描述问题解决、真实性较高且论证无效的情况下，相较于损失框架，采用得益框架能够提升广告的说服效果。文思思等（2017）的研究发现，损失框架广告对高孤独感消费者的说服效果更强；得益框架广告对低孤独感消费者的说服效果更强。Edwards 等（2001）认为信息的呈现方式能够显著影响个体决策，损失框架在改变被认为有风险的行为时往往更有效，得益框架在改变被认为安全的行为时更有效。在进一步的研究中，Kiene 等（2005）发现，当广告信息强调安全套有利于身体健康时，相较于损失框架，得益框架对消费者的劝服效果更好。

基于信息加工处理理论的相关研究认为，信息处理广度或深度越强，损失框架比得益框架信息对消费者的劝服效果越强；反之，得益框架比损失框架信息对消费者的劝服效果越强（Mann et al.，2004）。Anghelcev和Sar（2014）认为，个体的情绪和信息框架存在一致性，这种一致性提升了个体对信息的评价，增强了其回收态度。具体来讲，对处于消极情绪的被试，相较于强调预期结果，当广告强调避免负面影响时，被试对广告信息的评价更高，回收意愿更强；对处于积极情绪的被试，相较于强调避免负面影响，当广告强调预期结果时，被试对广告信息的评价更高，回收意愿更强。徐富明等（2015）基于眼动实验的研究也证实，信息框架对消费者态度的影响会受到情绪的影响。消极情绪增强了消费者对损失框架信息的认知加工程度；积极情绪增强了消费者对得益框架信息的认知加工程度。Segev等（2015）研究了信息框架与关注点（关注自我VS.关注环境）对消费者广告态度、品牌态度以及购买意愿的影响。结果发现，相较于损失框架，得益框架能够显著提升消费者的广告态度、品牌态度以及购买意愿；相较于以环境为关注点，以自我为关注点能够显著提升消费者的广告态度、品牌态度以及购买意愿；相较于损失框架/环境关注，损失框架/自我关注显著提升了消费者的广告态度、品牌态度以及购买意愿；得益框架/自我关注与得益框架/环境关注对消费者广告态度、品牌态度以及购买意愿的影响不存在显著差异。

（2）信息框架与调节聚焦相关研究。

随着心理学领域对调节聚焦理论以及其他理论研究的深化，调节匹配的说服性机制成为研究信息影响消费者行为决策的新趋势。调节匹配理论以调节聚焦理论（Regulatory Focus Theory）为基础，强调了个体的动机导向与其在目标追求过程中使用的策略之间的关系（Higgins，1997）。学者的研究普遍认为，个体在使用自身偏好的策略追求目标的过程中就产生了调节匹配，在使用非偏好的策略追求目标的过程中就经历了调节不匹配（熊素红，2011）。

学者在研究解释水平与信息框架之间的调节匹配时发现，一方面，信息的框架效应会受到心理距离的影响，在心理距离远（高解释水平）时，个体倾向于采用整体式信息加工方式，框架效应增强；在心理距离近（低解释水平）时，个体倾向于采用分析式信息加工方式，框架效应减弱（郑君君等，2017）。另一方面，信息的框架效应会受到信息解释水平的影响，当信息比较“抽象”用以解释“为什么做”（高解释水平）时，采用得益框架比损失框架对消费者的劝服效果更好；当信息比较“具体”用以解释“如何做”（低解释水平）时，采用损失框架比得益框架对消费者的劝服效果更好（White et al.，2011）。Chang等（2015）探讨了时间距离在信息框架对消费者广告品牌态度和购买意愿影响中的调节作用。结果表明，损失框架与低解释水平存在匹配性，得益框架与高解释水平存在匹配性，这种匹配性会提升消费者对广告品牌的态度和购买意愿。Kulkarni和Yuan（2015）的研究发现，心理距离远且广告采用抽象表达（高解释水平）时，相较于损失框架，得益框架信息对消费者的劝服效果更好；心理距离近且广告采用详细表达（低解释水平）时，相较于得益框架，损失框架信息对消费者的劝服效果更好。

在研究个体的调节聚焦类型与信息框架之间的调节匹配过程中，Florack等（2005）认为，广告本身可能与消费者的调节聚焦类型无关，但广告的内容或信息应该与个体促进定向或防御定向直接相关。在持续深入的研究中，学者广泛证实了信息框架与个体调节聚焦类型产生的调节匹配效应（刘德文和姚山季，2018）。赖胜强（2014）的研究发现，正面信息对促进定向消费者的说服效果更好；负面信息对防御定向消费者的说服效果更好。Lee和Aaker（2004）的研究表明，得益框架信息对促进定向消费者的说服效果更好；损失框架信息对防御定向消费者的说服效果更好。Kwon和Sung（2012）关于消费者自我概念与在线评论的研究发现，当产品为搜索型产品时，相较于防御聚焦的评论信息，促进聚焦的评论信息对独立自我消费者的作用效果更好；相较于促进聚焦的评论信息，防御聚焦的评论信息对相依自我消费者的作用效果更好。当产品为体验型产品时，促进聚焦和防御聚集的评论信息对相依自我消费者的作用效果不存在显著差异。Sherman等（2008）在研究鼓励预防性口腔健康行为时发现，促进定向个体收到得益框架信息、防御定向个体收到损失框架信息时，他们相信自己有能力使用牙线，对牙线有更强的使用意愿，并且表现出更多的牙线使用行为。戴鑫等（2015）在研究亲社会行为广告说服的过程中发现，相较于防御定向个体，采用得益框架信息的广告对促进定向个体亲社会行为意向的积极影响更显著；反之，相较于促进定向的个体，采用损失框架信息的广告对防御定向个体亲社会行为意向的积极影响更显著。Kim（2006）在研究青少年戒烟广告说服效果时发现，对于促进定向的青少年，得益框架信息比损失框架信息对其劝服效果更好；对于防御定向的青少年，损失框架信息比得益框架信息对其劝服效果更好。

此外，学者的研究发现，当信息框架和信息的调节聚焦类型相一致时，消费者的信息处理效率增强，同样也会增强信息对消费者的劝服效果（Yoon et al.，2012）。Zhao 和 Pechmann（2007）的研究发现，促进聚焦的广告信息引发消费者对正面结果的渴望，相较于损失框架，信息采用得益框架进行表达时对消费者的说服效果更好；同理，防御聚焦的广告信息引发消费者对负面结果的警惕，相较于得益框架，信息采用损失框架进行表达时对消费者的说服效果更好。这一结论成立的条件是正面或负面结果的确定程度均非常高，在结果难以确定的情况下这一结论不一定成立。陈洁等（2016）在消费者仿冒奢侈品购买意愿的研究中发现，虽然仿冒奢侈品可能给消费者带来炫耀价值这样的正面价值，但也可能给消费者带来被识破后丢脸这样的负面价值。这就导致对于促进聚焦的广告信息，采用损失框架表达比得益框架表达对消费者的说服力更强；对于防御聚焦的广告信息，采用得益框架表达比损失框架表达对消费者的说服力更强。

总体而言，调节匹配会增强信息的说服效果，在具体作用过程中调节匹配的作用效果也会受到众多调节变量的影响，部分调节变量甚至会让调节匹配产生截然相反的效果。目前，调节聚焦理论与信息框架理论、自我构建理论等理论共同形成的消费者行为决策理论逐渐成为研究的热点。

（3）信息框架与消费者回收行为相关研究。

现有研究已经证实了信息框架效应在解决公共危机、促进亲社会行为方面发挥的积极作用（Spence and Pidgeon，2010）。在此基础上，部分学者开始探究信息框架影响消费者回收行为的作用机制。基于信息框架理论和解释水平理论，Grazzini 等（2018）运用实地调查和实验研究的方法，探究了信息框架对酒店顾客回收行为的作用机理。结果发现，将具体信息运用损失框架进行表述时，酒店顾客感受到更强自我效能感，信息对其回收行为的说服效果更好。White 等（2011）探究了信息框架和信息的解释水平对消费者回收行为的交互效应，实验研究和实证调研结果发现，损失框架下，低解释水平信息对消费者回收行为的劝服效果更强；得益框架下，高解释水平信息对消费者回收行为的劝服效果更强。Loroz（2007）基于信息框架理论的研究发现，信息框架以及参照点对消费者回收行为的改变具有重要影响。当信息以损失框架表述且以自我为参照点时说服效果得到增强；当信息以得益框架表述且强调自身或他人收益时说服效果得到增强。Cheng 等（2011）通过文献综述的形式分析了信息框架和威胁（社会威胁 VS. 物理威胁）对消费者回收行为可能产生的交互影响。Kim 等（2014）研究了信息框架与信息可信度对消费者回收行为的影响，研究结果表明，对于来源可靠的信息采用得益框架的表述方式时，信息对消费者的劝服效果最好。Blose 等（2015）在研究酒店顾客回收再利用行为时发现，相较于得益框架，损失框架对酒店顾客回收再利用行为的说服效果更好，且在损失框架信息中加入目的地名字后上述说服效果得到进一步增强。

2.3.3　信息框架干预消费行为已有框架与不足

信息框架理论为个体发生偏好逆转现象提供了理论解释。基于该理论，学者就信息框架对个体行为动机、目标决策、价值感知、情感体验等的干预作用展开了一系列研究。在这些研究中，学者也探讨了信息框架对个体回收行为意愿或行为的作用效果，并取得了相应的理论成果。现有信息框架相关的研究成果在信息框架设计、变量测量、思路方法等方面为本书研究提供了一定的指导。在不断的研究中学者认为，一方面营销领域对信息框架在影响个体回收态度与行为中所起作用的理解还处于起步阶段（Cheng et al.，2011）；另一方面信息框架单独作用于行为意愿或行为的研究结论不稳健，信息框架和其他变量共同作用于行为意愿或行为溢出的调节匹配形式值得探究（邓颖等，2016）。基于信息框架理论研究消费者的“互联网+回收”行为意愿和行为溢出尚存在以下问题值得探究：

（1）信息框架和影响消费者归类划分的变量共同作用于消费者回收参与意愿的匹配形式，以及该匹配形式产生作用效果的心理机制和边界条件是什么。

（2）对回收行为采用不同的信息框架策略进行反馈的过程中，信息框架通过怎样的路径改变消费者的认知进而改变溢出效应的作用效果，该作用效果形成的内在机制和作用范围是什么。

2.4 自我构建相关研究进展

2.4.1 自我构建的内涵与分类

自我构建（Self-construal）是指个体在认知自我时如何感知自身与他人的关系，可以分为独立自我和相依自我两类（Markus and Kitayama，1991）。独立自我的个体倾向于认为自身是一个与他人相互分离的独立个体，相依自我的个体倾向于认为自身是整个社会网络的组成部分（Singelis，1994）。该理论认为，个体同时存在两种类型的自我构建，受到主流文化或情境因素的影响，个体会由某种自我构建主导（曾世强等，2016）。独立自我的消费者更加重视个人需要，做出行为决策时考虑的是自身利益最大化；相依自我的消费者以他人需要和情境因素为导向，倾向于与他人的需要和期望保持一致，做出行为决策时更容易受到他人意见的影响（Utz，2004）。Heine 和 Raineri（2009）认为受到外部环境因素的影响，占据主导地位的自我构建会影响个体的认知风格、偏好、能力等，且个体的自我构建类型可以通过量表进行测量。

自我构建提出之初主要用于比较研究东西方文化差异，经常被用于解释跨文化层次上消费者的消费决策与行为问题。在不断的研究中，学者发现一方面受到社会文化的长期影响，个体的自我构建导向是一种特质，具有稳定性（Cheng et al.，2000）；另一方面受到外部环境因素的影响，个体的自我构建导向也会发生改变（Aaker and Lee，2001）。在具体的研究中，张红霞等（2013）发现，随着社会和经济的发展，中国消费者的自我构建导向已经逐渐发生变化。其主要体现在消费者自我构建水平在地域和年龄上存在差异，相较于出生在乡镇的青少年，出生在大城市的青少年更倾向于独立自我主导；相较于中年人，青少年更倾向于独立自我构建导向。Aaker 和 Lee（2001）认为，自我构建的两种导向同时存在于单一个体中，在某种情境下个体会由某种自我构建主导，可以通过多种方式临时性的让个体处于某种特定的自我状态。此外，Griskevicius 等（2010）的研究表明，个体的两种自我构建导向不一定是相互排斥的，可能是在个体内部共存，这导致消费者购买绿色产品的动机一方面是出于保护环境的利他动机，该动机符合相依自我的目标；另一方面是满足自身身份的利己动机，该动机与独立自我的目标一致。

2.4.2　自我构建与调节聚焦的区别和联系

调节聚焦理论阐明了两种类型调节定向个体为实现预期目标采取的接近策略，防御定向关注责任和义务，努力实现消极结果的最小化；促进定向关注希望和成就，努力实现积极结果的最大化（Keller et al.，2008）。学者认为，防御定向的个体关注人际关系处理的合理性，对违反规范的行为表现出强烈的反应；相反，促进定向的个体更容易产生知觉偏差，这可能促使他们较少关注他人的行为，忽视社会压力和规范行为之间的相关性（Zhang et al.，2010）。已有研究已经直接或间接证明了自我构建和调节聚焦的联系。一方面，促进定向的个体关注希望和成就，导致其产生强烈的控制感。同时，具有独立自我特征的个体倾向于认为自己的行为可以控制世界，他们认为社会网络是由独立个体组成的联盟，这些个体致力于实现自己的目标，自我提升的动机比较明显（Komissarouk and Nadler，2014）。另一方面，防御定向的个体关心社会责任，注重避免错误和负面结果；他们倾向于保持目标而不是实现目标，且倾向于稳定而不是变化（Brodscholl et al.，2007）。同时，具有相依自我特征的个体对他人表现出一种责任感，倾向于维持群体成员与社会现状之间的和谐关系，关心他人对自身的评价，重视团队目标而不是个人目标，寻求合作策略来应对挑战（Barrett et al.，2004）。

Zhang 和 Mittal（2007）在研究文化、调节聚焦以及自我构建三者之间的关系时发现，在追求同一目标过程中，独立自我的个体关注自我的实现，表现出更强的促进定向，愿意承担风险，依赖个人感知做出决策；相依自我的个体关注个人与他人的关系，表现出更强的防御定向，倾向于规避风险，依赖他人感知和信念做出决策。也就是说，独立自我的个体强调促进定向，相依自我的个体强调防御定向（Lee et al.，2000）。Cesario 等（2008）的研究表明，独立自我的个体通过展示自身与他人的差异表达自身独特性或成就，其目标导向与促进聚焦存在一致性；相依自我个体的目标是通过完成集体责任或义务来保持自身归属于集体，其关注避免可能阻碍自身归属于集体的错误，这往往更符合防御聚焦的重点。Komissarouk 和 Nadler（2014）通过实验研究的方法要求被试想象他们在实现一个重要目标的过程中遇到了问题，并详细说明他们在现实中遇到这样的困难时通常会做什么或想什么。结果发现，不论是长期自我构建还是情境自我构建，个体的自我构建导向通过影响其调节聚焦类型促使其产生差异化的求助行为。具体来讲，独立自我概念刺激个体的促进定向继而影响其自主求助行为；相依自我概念刺激个体的防御定向继而影响其依赖求助行为。

自我建构与调节聚焦存在相关关系，并不代表两个理论在使用过程中可以相互替代。一是两者的概念不同，自我构建是与自我身份认知相关的概念，概念基础是人的社会取向；调节聚焦是与动机相关的概念，概念基础是人的动机导向（Ma et al.，2014）。二是两者的作用机制不同，个体差异化的自我构建类型引发不同的社会取向（独特性 VS. 归属性）（Markus and Kitayama，1991）、思维方式（整体 VS. 分析）（Zhu and Meyers－Levy，2009）以及目标导向（促进 VS. 防御）（Lee et al.，2000）。个体差异化的调节聚焦类型引发个体对风险的不同感知（Higgins，1997）。相较于调节定向，自我构建的层面更多且表现形式更加广泛（Ma et al.，2014）。

2.4.3　自我构建与消费者行为相关研究成果

自我构建在消费者行为研究中具有重要地位。其主要表现为，消费者行为受到自我构建的影响，自我构建的形成和发展也受到消费者行为的影响。基于自我构建理论探索消费者行为的研究主要集中在以下三个方面：一是研究自我构建对消费者消费决策和行为的影响机理；二是探索自我构建对消费者品牌评价与选择的作用机理；三是探究自我构建在信息沟通与广告说服中的作用效果和影响机制。

（1）基于自我构建理论研究消费者消费决策和行为。

在购买决策研究方面，Kacen 和 Lee 的研究发现，与欧美消费者相比，亚洲消费者的冲动性购买行为较少。他们认为，西方个人主义文化强调自我、个人需求和欲望，享乐主义动机刺激消费者的冲动性购买行为；东方集体主义文化强调相互依赖、情感控制和节制，团体需要和愿望抑制其冲动性购买行为。对于欧美消费者而言，他们的独立自我概念越强，冲动性购买行为发生的可能性越大。该研究揭示了文化在种族和个人层面的强大和持续影响。Kacen 和 Lee（2002）的研究还指出，不同文化群体的特质性购买冲动水平相似，自我构建导致他们的冲动性购买行为差异显著。Zhang 和 Shrum（2009）进一步验证了独立自我消费者相较于相依自我消费者更容易发生冲动性购买行为的结论。

在消费和储蓄方面，潘黎等（2013）的研究表明，受到目标冲突的影响，相依自我消费者更愿意选择储蓄目标，独立自我消费者更愿意选择消费目标。该结论能够解释中国消费者的高储蓄动机和低消费动机。曾世强等（2016）认为潘黎等的结论无法解释很多中国消费者自身生活简朴，在子女的衣食住行上却舍得消费这一现象。为了解释这一现象，他们对中国消费者“啬于己”和“啬于人”这两种行为表现进行了研究。结果发现，受到为谁消费这一因素的影响，独立自我和相依自我消费者在消费和储蓄上表现出了与“独立自我更愿意选择消费目标，相依自我更愿意选择储蓄目标"这一结论相矛盾的结果。他们的研究指出，中国文化背景下，在为自己消费时，相较于相依自我消费者，独立自我消费者表现出更强的消费动机；在为他人消费时，相较于独立自我消费者，相依自我消费者表现出更强的消费动机。

在消费者产品选择与决策方面，Ma 等（2014）认为，产品创新水平与消费者期望的最佳差异水平相匹配时，消费者的创新性产品接受意愿最强。研究证明，在独立自我占据主导地位的文化下，消费者更愿意选择完全创新产品；在相依自我占据主导地位的文化下，消费者更愿意选择渐进性创新产品。这一结论在情境激活的条件下依然成立。差异性抑制线索中的流行性线索以及差异性提升线索中的稀缺性线索能够逆转上述结论，导致独立自我消费者相较于相依自我消费者，对完全创新产品的接受意愿降低而倾向于接受渐进性创新产品。李东进等（2016）就脱销情境下消费者相似品购买决策的研究发现，在脱销情境下独立自我消费者更愿意选择非相似品，相依自我消费者更愿意选择相似品；受到脱销诱因的影响，高需求导致的脱销会降低独立自我消费者的相似品购买意愿，有限供给导致的脱销会提升独立自我消费者对相似品的购买意愿，高需求和有限供给导致的脱销对相依自我消费者相似品购买意愿的影响效果与之相反。自我构建可以用于解释个体对不同类型产品的偏好，学者进一步将自我构建引入顾客参与新产品创新的研究中。基于用户定制和用户设计的现实背景和发展趋势，学者的研究认为顾客参与产品设计的价值取决于消费者的文化价值取向，集体主义文化降低了顾客参与产品设计的效果；个人主义文化增强了顾客参与产品设计的效果。在进一步的探究中，Atakan 等（2014）的研究发现，仅当参与过程积极时，独立自我消费者对自制产品的态度更积极；不论参与过程积极与否，相依自我消费者对自制或较近他人制作的产品均持积极态度。宋晓兵等（2017）通过二手数据、跨文化调研、情景实验的研究发现，与相依自我消费者相比，独立自我消费者更偏好用户参与设计的新产品，这一效应受到自主需要的中介作用和产品复杂性的调节作用。孙潇雅和周颖（2017）的研究发现，与相依自我消费者相比，独立自我消费者的在线产品分享推荐意愿更高。

（2）基于自我构建理论研究消费者品牌评价与选择。

在自我—品牌联结方面，学者认为，消费者对品牌信息的关注是在目标驱动作用下进行的。高独特性品牌满足了独立自我消费者差异化的消费目标，同质性品牌满足了相依自我消费者同质化的消费目标。这导致高独特性品牌能够增强独立自我消费者的自我—品牌联结，对相依自我消费者的自我—品牌联结没有显著的提升作用。受到选择性注意的影响，刺激消费者的相依自我构建水平，能够增强品牌拟人化交互型线索对消费者自我—品牌联结的影响（薛云建和董向东，2018）。

在品牌策略方面，基于企业赋予产品关键因素独特的品牌名称以获取竞争优势的现实背景，王海忠等（2015）的研究发现，因联合要素品牌策略的独特性和差异性显著高于自有要素品牌策略，导致独立自我消费者对联合要素品牌策略下的产品独特性评价更高，相依自我消费者对两种策略下产品的独特性评价没有显著差异。当产品性质为公众产品时，该结论依然成立；当产品为私人产品时，两种类型自我构建消费者对联合要素品牌策略下产品的独特性评价均高于自有要素品牌策略。在进一步的研究中，王海忠等（2017）还发现，受到消费者独特性需求的影响，消费者对品牌标识形状的偏好存在差异。独立自我消费者偏好多角的品牌标识，相依自我消费者偏好圆润的品牌标识。

在品牌评价方面，针对消费者对品牌不同使用者形象产生的认知冲突，刘红艳等（2017）的研究发现，目标群体的品牌使用行为会影响消费者对品牌的评价。渴望群体的品牌使用行为提升了独立自我消费者对品牌的评价，这一效用对相依自我消费者的影响有限；规避群体的品牌使用行为提升了相依自我消费者对品牌的评价，这一效用对独立自我消费者的影响有限。在品牌延伸评价研究中，朱至文和张黎（2013）发现，受到品牌契合度或品类契合度的影响，高品牌、低品类契合度的品牌延伸容易受到独立自我消费者的青睐，对其评价更好；低品牌、高品类契合度的品牌延伸容易受到相依自我消费者的青睐，对其评价更好。

（3）基于自我构建理论研究广告与信息说服效果。

在消费者决策信息处理与分类方面，袁胜军等（2016）基于消费者网络信息搜寻行为的研究发现，独立自我消费者通过搜索网络信息来缓解购物决策过程中遇到的“不确定”状态，其对网络信息的信任程度和采纳意愿高于相依自我消费者；相依自我消费者对售后服务、商家信息以及促销活动等信息的关注程度高于独立自我消费者。Kwon 和 Sung（2012）关于消费者自我概念与在线评论的研究发现，当产品为搜索型产品时，相较于防御聚焦的评论信息，促进聚焦的评论信息对独立自我消费者的作用效果更好；相较于促进聚焦的评论信息，防御聚焦的评论信息对相依自我消费者的作用效果更好。当产品为体验型产品时，促进聚焦和防御聚集的评论信息对相依自我消费者的作用效果不存在显著差异。Lee 和 Shavitt（2006）的研究表明，当消费者的社会认同目标突出或与产品形象相关时，与社会身份认知相关的信息经常会被消费者用于评价产品质量。商家声誉线索因传递了与社会形象相关的信息，导致其对相依自我消费者的影响显著高于独立自我消费者；与社会身份认知无关的服务评级信息对两种自我构建类型消费者的影响没有显著差异。

在广告及信息说服效果方面，Aaker 和 Lee（2001）基于调节匹配理论的研究表明，与消费者自我概念相一致的信息对消费者的劝服效果更好。具体来讲，得益框架信息对独立自我消费者的说服效果更好；损失框架信息对相依自我消费者的说服效果更好。柴俊武等（2011）基于怀旧诉求与目标受众匹配性的研究发现，独立自我消费者对个人怀旧诉求广告的偏好程度更高；相依自我消费者对虚拟集体怀旧诉求广告的偏好程度更高。Agrawal 和 Maheswaran（2005）的研究表明，广告信息对消费者的劝服效果不仅受到消费者自我概念的影响，同时受到消费者品牌承诺的影响。对于高品牌承诺，广告信息诉求与消费者长期的自我构建类型相一致时效果最好；对于低品牌承诺，广告信息诉求与消费者暂时的自我构建类型相一致时效果最好。Hong 和 Chang（2015）基于广告信息诉求与自我构建的研究发现，独立自我消费者偏好感性信息，相依自我消费者偏好理性信息。基于此，毛振福等（2017）的研究进一步证明，感性诉求信息诱发独立消费者更高的绿色购买意愿；理性诉求信息诱发相依自我消费者更高的绿色购买意愿。除了从广告信息诉求出发研究广告劝服效果的研究外，Zhang 等

（2011）的研究表明，广告格式会影响消费者对广告本身及广告品牌的评价，采用比较式广告能够显著提升独立自我消费者对广告本身以及广告品牌的评价。张红霞等（2013）的研究发现，出生在大城市的青少年偏好趋利型广告，出生在乡镇的青少年则偏好避害型广告；青少年与中年人相比，青少年偏好趋利型广告，中年人偏好避害型广告。

2.4.4　自我构建相关研究述评

综上所述，国内外学者已经基于自我构建理论进行了一系列研究，并取得了相应的研究成果。学者普遍认为，不同类型自我构建导向的消费者对外部干预策略的感知存在差异，这导致了其差异化的行为意愿和行为。国内外学者基于自我构建理论的相关研究成果为本书探索消费者闲置物品回收参与意愿提供了理论借鉴。运用自我构建理论解释消费者的闲置物品回收参与意愿仍存在以下问题需要解决：

（1）不同自我构建导向消费者的信息偏好、目标取向存在差异，消费者的自我构建导向与调节聚焦类型存在相关关系，信息框架与消费者的调节聚焦类型存在匹配，借鉴调节匹配理论的研究成果，消费者的自我构建导向可能与闲置物品回收外部干预策略中的信息框架或回收方式存在匹配。能否运用自我构建理论解释闲置物品回收情境下消费者对不同信息框架策略和回收方式的偏好差异，该偏好差异如何影响消费者的闲置物品回收参与意愿尚未探索。

（2）调节匹配理论已经被广泛应用到管理心理与行为相关研究中，基于调节匹配理论探讨信息框架与自我构建对广告及信息说服效果的研究已经关注了两者的交互效应，是否存在某些中介或调节机制能够更加完整地解释上述交互效应对消费者闲置物品回收参与意愿的作用机理值得探究。

第3章　信息框架与自我构建对参与意愿的交互效应

计划行为理论认为行为意愿是个体对执行特定行为的主观倾向，它表明了个体愿意为特定行为付出的努力程度，是消费者行为最稳健的预测因子（Ajzen，1991）。在学术研究中，学者认为行为意愿是诱发行为的内在驱动力，消费者行为是行为意愿的具体执行和行动，通常可以将行为意愿操作为行为的代理变量（王建国和杜伟强，2016）。鉴于行为意愿对实际行为稳健的预测能力，在消费者行为的研究中，学者不断探索影响消费者行为意愿的因素。根据前面的综述可以发现，探究情境中的信息因素对不同类型消费者回收参与意愿的说服机制是回收领域研究的一个重要方向。在商业实践中，为了使外部信息干预策略的说服效果达到最优，企业和社会组织也不断探究何种信息策略对哪种类型消费者的说服效果更好这一问题。

鉴于单纯的基于人口统计学变量对消费者进行归类划分导致相关研究结论的稳健性不足，难以识别不同类型信息策略作用于消费者的心理过程这些缺陷。本章基于自我构建理论对消费者进行归类划分，探究信息框架与自我构建对消费者闲置物品回收参与意愿的交互效应，阐明该交互作用产生的过程机制。

3.1　闲置物品的概念界定

目前国内外学者对闲置物品的研究较为少见，尚未有学者对闲置物品进行概念界定。本书通过将闲置物品与垃圾进行对比，对闲置物品的内涵进行界定。美国环保总局将垃圾定义为通常会被直接扔掉的耐用物品、容器、包装材料和其他类型的废弃物。闲置的意思是未使用的、停用的，与没有利用价值的垃圾相比，闲置物品是指未使用的或停用的尚有利用价值的产品。可回收垃圾的对象包括纸类、塑料、金属、玻璃以及织物，与之不同，可回收闲置物品的对象包括大量可重复使用的图书音像、电子产品、服装鞋帽等搜索型产品和体验型产品。鉴于闲置物品回收平台消费者最关注的闲置物品是搜索型产品中的手机和数码产品、体验型产品中的图书和服装鞋帽（36 氪研究院，2019），同时，为避免闲置物品种类繁多而造成实验研究中被试的理解偏差，本书研究的闲置物品是指消费者普遍关注的未使用或停用的尚有利用价值的手机、服装鞋帽、图书、数码产品等。

3.2　信息框架与自我构建交互效应的理论推演与假设提出

根据自我构建理论，消费者通过与不同的社会环境进行交互进而构建自己的认知与行为（Shavelson et al.，1976；曾敏霞和王瑞琪，2014）。不同自我构建导向的消费者在目标追求过程中存在追求积极结果和避免消极结果两种社会取向。浏览闲置物品回收网站的宣传活动就会发现，营销人员经常通过强调回收闲置物品能够得到的积极结果或强调不回收闲置物品造成的消极结果两种信息策略对消费者进行劝服。这些信息策略在刺激关注“我”和关注“我们”两种自我构建导向消费者参与闲置物品回收过程中的作用效果如何，不同信息策略是否能引发不同自我构建类型消费者差异化的闲置物品回收参与意愿？该作用效果背后存在怎样的过程机制？本节通过提出假设的方式对上述问题进行理论推演。

3.2.1　信息框架与自我构建对参与意愿的交互影响

消费者的闲置物品回收行为是个体亲社会行为的一种表现，体现了个体的社会取向。从狭义上讲，消费者的闲置物品回收行为是其履行环保责任的具体体现；从广义上讲，消费者的闲置物品回收行为是影响环境可持续发展的关键因素。聚焦于废弃物品回收的研究已经证实了外部因素、认知与心理因素、产品因素以及消费者个人特征等均会影响消费者的回收行为。鉴于废弃物品回收相关研究成果不能直接应用于消费者的闲置物品回收，鼓励消费者进行闲置物品回收，从心理上提升消费者对闲置物品回收的认知，破除消费者参与闲置物品回收的障碍依旧任重道远（Cheng et al.，2011）。

Pelletier 和 Sharp（2008）认为，有效的说服信息是激励消费者环保行为形成的首要步骤。营销信息策略主要用于激活消费者的动机，在闲置物品回收营销沟通中商家和社会组织通常采用两种信息陈述方式：一种是强调回收行为产生收益或积极结果的得益框架，另一种是强调回收行为避免损失或消极结果的损失框架。得益框架聚焦于参与闲置物品回收能够给自身、他人或社会带来的好处；损失框架聚焦于参与闲置物品回收能够让自身、他人或社会避免的损失。当呼吁消费者进行闲置物品回收时，一个重要的决策就是到底应该使用何种信息表达策略，是应该强调闲置物品回收给消费者带来的收益，还是应该强调闲置物品回收避免消费者损失？Isa 等（2016）认为，信息框架策略可以有效提升消费者的废旧物品回收行为。要增强消费者回收闲置物品的意识，改变消费者行为，就要理解消费者行为意愿或行为是如何形成的，什么样的信息沟通方式更有效等问题。

Singelis（1994）的研究认为，同样一则广告对消费者的影响不尽相同，原因主要是消费者的个体特征存在差异。消费者的自我概念与广告的信息特点契合度越高，广告的说服效果越好；反之，消费者的自我概念与广告的信息特点切合度越低，广告的说服效果越差。信息框架主要通过不同的信息陈述方式影响消费者行为意愿进而预测消费者行为。针对到底哪种信息陈述方式对消费者行为意愿的说服效果更好，个体的自我构建倾向在其中起到了什么作用，部分学者进行了一系列探讨。Aaker 和 Lee（2001）的研究表明，自我构建带来了个体认知风格、偏好、能力等方面的差异，进而导致消费者差异化的消费目标和社会取向。独立自我的消费者更加重视个人需要，优先考虑个人偏好和利益，更加关注“获得收益”，更易被促进型信息说服；相依自我的消费者强调归属感，更愿意履行群体责任或义务，决策前更多地考虑社会规范和群体利益，更加关注“阻止损失”，更易被防御型信息说服（Utz，2004；Aaker and Lee，2001；Cross et al.，2000）。同样的闲置物品回收刺激信息可以有两种不同的表达方式：当信息的诱导方式与消费者的心理表征一致时，其感受到更强的正确感和价值感，更容易被信息说服（Lu and Gilmour，2007）。综上所述，本书推测信息框架有可能强化或削弱不同自我构建消费者的闲置物品回收参与意愿。强调获得收益的信息更能增强独立自我消费者的闲置物品回收参与意愿；强调避免损失的信息更能增强相依自我消费者的闲置物品回收参与意愿。基于此，提出以下假设：

H1：不同自我构建消费者对不同类型信息框架的感知存在差异。对于独立自我的消费者，得益框架对其闲置物品回收参与意愿的说服效果更好；对于相依自我的消费者，损失框架对其闲置物品回收参与意愿的说服效果更好。

3.2.2 信息处理流畅性的中介作用

信息处理流畅性是个体在决策过程中主观感受到的信息处理的难易程度（Singelis，1994）。信息处理流畅性是个体的主观感受而非客观的流畅性，个体感知信息处理越流畅，越容易理解和接受该信息（Novemsky et al.，2007）。高流畅性意味着个体付出较少的时间和努力就能准确识别和理解信息，低流畅性意味着个体需要付出较多的时间和努力来识别和理解信息，且准确性较低。一般来讲，个体的信息处理流畅性越高，其行为态度越积极。Nenkov 等（2014）以及姚琦等（2017）在研究中发现，消费者的信息处理流畅性越高，其购买意愿越强、品牌评价越积极、品牌熟悉度越高。Balbo 和 Jeannot（2015）的研究发现，信息处理流畅性提升了信息框架与时间距离对消费者创新性产品购买意愿和支付意愿的说服效果。Song 和 Schwarz（2009）认为，信息处理流畅性之所以能够提升消费者对信息的评价，增强其行为，原因在于信息处理流畅性降低了消费者的风险感知。个体都有趋利避害的本能，这导致高信息处理流畅性能够提升个体对信息的评价，促进其行为。

在对信息处理流畅性作用机制进行探究的过程中。学者发现，不同目标取向消费者的“流畅性”感知体验存在差异（Lee and Aaker，2004）。Kidwell 等（2013）的研究表明，信息诱导方式与消费者的心理表征一致时信息的劝服效果得到增强。Reber 等（2004）以及 Kim 等（2009）认为，当信息与消费者的信念、目标取向和意见相一致时，消费者感知信息更容易理解，处理信息更加流畅，且这种流畅性容易唤起消费者主观上对信息或信息中产品质量的积极评价。Lee 和 Aaker（2004）的研究表明，当信息诉求和消费者的调节聚焦类型相一致时，消费者感受到更强的“正确感”和“流畅性”，信息的说服效果被增强。同时，他们的研究指出这种流畅性容易唤起消费者的积极情绪，提升决策过程中消费者对信息的情感评价，进而增强消费者的行为态度和意愿。基于解释水平理论，孙瑾和苗盼（2018）的研究发现，消费者的解释水平（高 VS. 低）和广告类型（绿色广告 VS. 非绿色广告）在影响消费者对广告以及产品态度的过程中存在匹配效应，这种匹配效应提升了消费者处理信息的流畅性感知，进而增强了消费者对广告本身以及广告中产品的积极态度。Schwarz（2004）的研究指出，消费者在信息加工过程中不仅会受到信息本身的影响，而且会受到决策过程中体验到的主观感受的影响。高信息处理流畅性的主观感受让消费者产生更强的“正确感”体验（Lee et al.，2009），进一步导致其主观上感知事物更加令人喜欢（Reber et al.，2004）、更知名（Jacoby et al.，1989）等。

在回收领域的研究中，White 等（2011）发现，信息处理流畅性直接或通过增强消费者的自我效能感间接激发消费者产生更强的垃圾回收意愿。自我构建引发消费者产生的目标取向与调节聚焦相似，独立自我的消费者强调促进定向，相依自我的消费者强调防御定向。借鉴调节聚焦理论的研究成果，可以推断闲置物品回收信息沟通策略中使用的信息框架策略与消费者自我构建类型相匹配时，信息更容易唤起消费者的“正确感”，使其感知信息更加容易理解和处理，行为意愿被增强。基于此，提出以下假设：

H2：信息处理流畅性在信息框架与自我构建对消费者闲置物品回收参与意愿的交互影响中起到了中介作用。

基于以上理论推演和研究假设，构建如图 3.1 所示的概念模型。

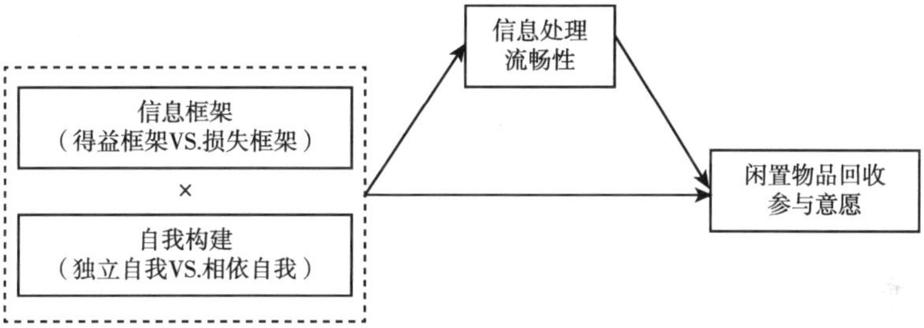

图 3.1　信息框架与自我构建交互效应的概念模型

3.3　检验信息框架与自我构建的交互影响作用

不同自我构建消费者对得益或损失的感知存在差异。闲置物品回收平台的信息宣传策略聚焦于得益还是损失能够最大限度地刺激消费者进行闲置物品回收便成为一个重要的理论与实践问题。本书利用实验一来探讨信息框架与自我构建对消费者闲置物品回收参与意愿的交互效应，验证假设 H1。

3.3.1　实验设计与过程

相较于其他研究方法，实验研究法能够有效控制实验过程和情境，最大限度地降低干扰变量对因变量的影响，使其对因果关系的估计更加准确。此外，与被试内设计相比，被试间设计能够降低传递效应和需求特征（Chen et al.，2012）。因此，本书采用实验研究的方法对提出的假设进行验证。同时，为了避免实验者偏差和霍桑效应，研究人员不参与实验过程。实验操作人员和被试均不知道研究目的，被试被随机分配到各个实验。实验开始前，操作人员告知被试各个题项不存在正确或错误答案，参与过程中完全匿名。

实验一采用2信息框架（得益框架VS. 损失框架）×2自我构建（独立自我VS. 相依自我）的双因素组间实验设计，因变量是消费者闲置物品回收参与意愿。学者认为学生样本的同质性程度较高，避免了因个体差异导致的研究结果偏差，因而被广泛应用到消费者心理与行为的研究中（方正等，2013），为了避免因个体特征或环境因素导致的研究结果偏差，学者在信息框架及自我构建的研究中多使用学生作为被试并采用实验研究的方法进行研究（Ma et al.，2014；朱翊敏，2014）。同时，考虑到商业实践中拥有大学及以上学历的“90后”青年群体是闲置物品回收平台的主要消费者群体，互联网接入和智能手机使用的便捷性使每一个大学生都能方便地使用闲置物品回收App进行闲置物品买卖或赠送。本书的研究将首先使用同质性较高的学生为被试对研究假设进行初步检验，为了提高研究结果的外部性，在后续的研究中将再次利用普通消费者为被试对实验研究结果进行重复检验。

实验一邀请辽宁省某高校的132名本科生和研究生参与实验，每位被试被随机分配到“得益框架/独立自我”“得益框架/相依自我”“损失框架/独立自我”“损失框架/相依自我”四种实验情景中的一种。实验结束后赠送每名被试一份礼品作为报酬。为了掩盖实验真实目的，被试被告知此次实验旨在了解消费者对某广告公司广告的意见。

（1）实验过程。

正式实验共包含三部分：第一部分是消费者自我构建启动材料，阅读完自我构建启动材料后请被试对包含14个测试题项的自我构建测试测量量表进行打分；第二部分是利用得益或损失信息框架设计的信息刺激材料，在被试阅读完材料后，请被试对信息类型进行评价并填写闲置物品回收参与意愿测量量表；第三部分要求被试回答自己的性别、年龄两个题项。实验一共收集有效问卷125份，其中男性60人（占比为48.00%），平均年龄22.01岁。具体的实验设计材料如下。

①自我构建启动材料。

根据Trafimow等（1991）的研究，个体的自我构建可以通过启动的方式被临时性操纵，阅读完独立型（VS. 相依型）主题故事的被试，会表现出更多的独立自我认知（VS. 相依自我认知），且这种暂时性的自我构建会影响后续的认知或评价。参照Ma等（2014）的研究方法，实验一的研究过程中被试被随机分配到启动独立自我构建组和启动相依自我构建组。具体的启动材料如下。

独立自我构建启动组的被试激活材料为：

我正在打一场网球晋级赛。下午4点26分，太阳照射着我，数着球拍上的网线，我弹了几下球。此刻，我就是世界的中心。我暗暗想道："这是我的战斗，是我的机会。不论输赢，我都将向自己证明我的价值。"

相依自我构建启动组的被试激活材料为：

我们团队正在打一场网球晋级赛。我代表我们团队参加决赛。下午4点26分，太阳照射着我，数着球拍上的网线，我弹了几下球。此刻，我的教练和队友都盯着我。我暗暗想道："这是我们的战斗，是我们的机会。不论输赢，我都将向我的团队证明我的价值。"

②信息框架刺激材料。

根据信息框架理论，得益框架信息强调采取某种行为能够获得的收益、积极结果，损失框架信息强调不采取某种行为可能会产生的损失、消极结果或采取某种行为能够避免的损失、消极结果（王丹萍等，2013）。参照White等（2011）的实验设计方法，实验一中具体的信息框架刺激材料如下。

独立自我/得益框架组刺激材料为：

像你一样的人正在改变人们的生活方式，做与众不同的自己——赶快参与二手闲置物品回收吧！如果定期将家中的闲置物品进行回收，可以让家变得更加舒适、宽敞，增加资源利用效率，可以让弃之可惜却又闲置在家的"鸡肋"再次变为"香饽饽"，享受因资源合理利用带来的喜悦。

独立自我/损失框架组刺激材料为：

像你一样的人正在改变人们的生活方式，做与众不同的自己——赶快参与二手闲置物品回收吧！如果定期将家中的闲置物品进行回收，可以让家脱离局促、狭小，降低资源浪费比率，可以避免让曾经的“香饽饽”变成弃之可惜却又闲置在家的“鸡肋”，远离因资源不合理利用而带来的困扰。

相依自我/得益框架组刺激材料为：

和你一样的人正在改变人们的生活方式，让我们一起行动——赶快参与二手闲置物品回收吧！如果定期将家中的闲置物品进行回收，可以让家变得更加舒适、宽敞，增加资源利用效率，可以让弃之可惜却又闲置在家的“鸡肋”再次变为“香饽饽”，享受因资源合理利用带来的喜悦。

相依自我/损失框架组刺激材料为：

和你一样的人正在改变人们的生活方式，让我们一起行动——赶快参与二手闲置物品回收吧！如果定期将家中的闲置物品进行回收，可以让家脱离局促、狭小，降低资源浪费比率；可以避免让曾经的“香饽饽”变成弃之可惜却又闲置在家的“鸡肋”，远离因资源不合理利用而带来的困扰。

（2）测量量表。

参照 Ma 等（2014）和李东进等（2016）的研究，采用由“同伴的开心对我来说很重要；维持团队内部和谐对我来说很重要”等 7 个题项组成的相依自我测量量表，“我是一个独特的个体；我的个人身份与他人不同，对我来讲很重要”等 7 个题项组成的独立自我测量量表，共 14 个题项来测试被试的自我构建导向是否操控成功，测量量表具体如表 3.1 所示。参照 Baek 和 Yoon（2017）的研究，利用“您认为广告倾向于强调参与闲置物品回收产生的得益”等 3 个题项组成的得益框架测量量表，“您认为广告倾向于强调参与闲置物品回收避免产生的损失”等 3 个题项组成的损失框架测量量表，共 6 个题项请被试对刺激材料的信息类型进行评价，具体如表 3.2 所示。

借鉴计划行为理论的相关研究成果，基于不同的研究主题或情境，学者也对参与意愿的概念进行了界定。在对消费者共享服务参与意愿影响因素的研究中，胡春和王路远（2018）将参与意愿定义为消费者对共享服务的使用意愿。本书将参与意愿定义为消费者对闲置物品回收行为的主观倾向。参照 White 等（2011）和王昶等（2017）的研究，从“可能参与、优先参与、愿意参与”三个方面测量被试的闲置物品回收参与意愿，具体如表 3.3 所示。所有测试题项均采用李克特 7 级量表进行测量，1 = 非常不同意，7 = 非常同意。

表 3.1　自我构建测量量表

变量	测试题项	来源
相依自我	同伴的开心对我来说很重要	Ma 等（2014）、李东进等（2016）
	维持团队内部和谐对我来说很重要	
	我的幸福在很大程度上取决于我周围人的幸福	
	如果家人不支持，我会放弃自己非常喜欢的活动	
	即使非常不同意组员的意见，我也会避免争吵	
	如果团队需要我，即使对团队不满意我也会留在团队	
	对我来讲，尊重团队的决定很重要	
独立自我	我的个人身份与他人不同，对我来讲很重要	
	我很享受在很多方面与众不同的感觉	
	我是一个独特的个体	
	我宁愿直接对人说“不”也不愿意冒被人误解的风险	
	我喜欢在充满竞争的环境中工作	
	竞争是自然法则	
	跟别人讨论时，我更喜欢直截了当地说	

表 3.2　信息框架测量量表

变量	测试题项	来源
得益框架	您认为广告倾向于强调参与闲置物品回收产生的得益	Beak 和 Yoon（2017）
	您认为广告倾向于强调参与闲置物品回收产生的收益	
	您认为广告倾向于强调参与闲置物品回收产生的积极结果	
损失框架	您认为广告倾向于强调参与闲置物品回收避免产生的损失	
	您认为广告倾向于强调参与闲置物品回收避免产生的成本	
	您认为广告倾向于强调参与闲置物品回收避免产生的消极结果	

表 3.3　　参与意愿测量量表

变量	测试题项	来源
参与意愿	我可能参与闲置物品回收	王昶等（2017）、White 等（2011）
	如果有需要，我会优先考虑参与闲置物品回收	
	我愿意参与闲置物品回收	

3.3.2　数据分析与结果

（1）信度分析与操控检验。

测量量表在使用过程中会产生测量误差，若测量误差较大，会导致量表内部的一致性和稳定性较低，也就是量表的信度较低。Cronbach's α 值是李克特量表法中最常用的信度检验方法，本实验采用 Cronbach's α 值对各个变量测量量表进行信度分析。Cronbach's α 值介于 0 到 1 之间，α 值越大表明测量量表的内部一致性越稳定，信度越高。在实际测量中，α 值大于 0.7 则表示信度良好。除了对信度进行检验外，为了保证假设检验结果的准确性，确保使用的自我构建启动材料能够真正启动了被试的自我构建导向；信息框架材料能够代表特定类型的得益框架和损失框架。本书使用 t 检验的方法对实验情景材料进行了操控检验。

首先，对各个变量进行信度分析。结果显示，独立自我、相依自我、得益框架、损失框架、闲置物品回收参与意愿量测量量表的 Cronbach's α 值分别为 0.826、0.810、0.934、0.918 和 0.813，均大于 0.800，说明量表的信度良好。

其次，对自我构建进行操控检验。配对样本 t 检验显示，在独立自我组中，被试独立自我（$M_{独立自我}=5.345$）感知显著高于相依自我（$M_{相依自我}=4.018$），$t(62)=-13.511$，$p=0.000$；在相依自我组中，被试相依自我（$M_{相依自我}=5.217$）感知显著高于独立自我（$M_{独立自我}=4.005$），$t(59)=14.655$，$p=0.000$。独立样本 t 检验显示，在独立自我组中，被试独立自我的感知显著高于相依自我组中独立自我的感知，$t(123)=15.000$，$p=0.000$；在相依自我组中，被试相依自我的感知显著高于独立自我组中相依自我的感知，t（123）= −12.319，p = 0.000。本实验中自我构建启动成功。

最后，对信息框架进行操控检验。配对样本 t 检验显示，在得益框架组中，被试更多地认为广告强调的是参与闲置物品回收可以获得收益（$M_{得益}$ = 5.542，$M_{损失}$ = 3.162），t（63）= 15.554，p = 0.000；在损失框架组中，被试更多地认为广告强调的是参与闲置物品回收能够避免产生损失（$M_{收益}$ = 3.645，$M_{损失}$ = 5.279），t（60）= −10.397，p = 0.000。独立样本 t 检验显示，在得益框架下，被试感知广告强调参与闲置物品回收获得收益的程度显著高于损失 t（123）= 12.164，p = 0.000；在损失框架下，被试感知广告强调参与闲置物品回收避免产生损失的程度显著高于收益，t（123）= −16.341，p = 0.000。本实验中信息框架操控成功。

（2）假设检验。

典型的方差分析模型能够处理自变量为分类变量、因变量为连续性变量的情形。以自我构建、信息框架为自变量，参与意愿为因变量构建如式（3.1）所示的方差分析模型，其中，μ 表示总体的平均水平，α_i、β_j 分别表示 i 类型自我构建和 j 类型信息框架的附加效应，τ_{ij} 为 i 类型自我构建与 j 类型信息框架的交互效应，ε_{ijk} 为随机误差。

$$\begin{cases} Y_{ijk} = \mu + \alpha_i + \beta_j + \tau_{ij} + \varepsilon_{ijk}, \\ i = 1, 2, \ j = 1, 2, \\ \sum_{i=1}^{2}\alpha_i = \sum_{j=1}^{2}\beta_j = 0, \ \sum_{i=1}^{2}\tau_{ij} = 0, \\ \varepsilon_{ijk} \sim N(0, \sigma^2)，且相互独立 \end{cases} \tag{3.1}$$

方差分析结果表明，自我构建的主效应不显著，F < 1；信息框架的主效应不显著，F < 1；信息框架与自我构建的交互效应显著，F（1，121）= 37.175，p = 0.000。进一步基于 Syntax 的简单效应检验结果显示，对于独立自我的消费者，相较于损失框架（$M_{损失}$ = 5.215），得益框架（$M_{得益}$ = 5.948）下消费者的闲置物品回收参与意愿更强，F（1，122）= 19.02，p = 0.000；对于相依自我的消费者，相较于得益框架（$M_{得益}$ = 5.375），损失框架（$M_{损失}$ = 6.089）下消费者的闲置物品回收参与意愿更强，F（1，122）= 17.63，p = 0.000。假设 H1 得到实验支持，自我构建与信息框架对消费者

闲置物品回收参与意愿的交互影响如图 3.2 所示。

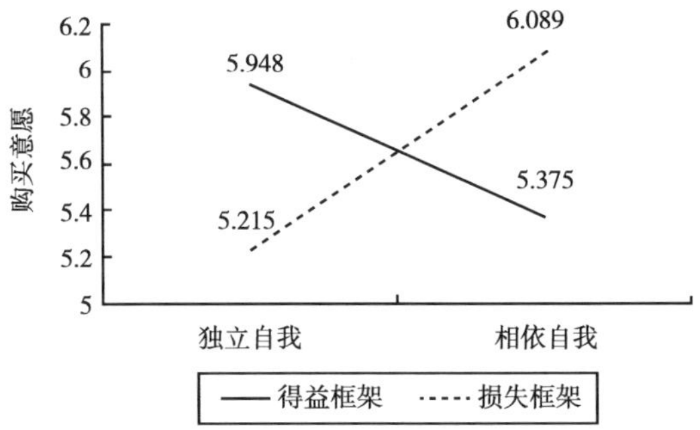

图 3.2　自我构建与信息框架对闲置物品回收参与意愿的交互效应

3.3.3　实验一结果讨论

实验一考察了信息框架与消费者自我构建交互影响消费者闲置物品回收参与意愿的作用效果。结果发现，不同自我构建消费者对不同类型信息框架的感知确实存在差异。得益框架对独立自我消费者闲置物品回收参与意愿的影响更强；损失框架对相依自我消费者闲置物品回收参与意愿的影响更强。这说明，闲置物品回收信息沟通中使用的信息框架策略与消费者的自我构建类型存在匹配效应。对于启动独立自我构建导向的消费者而言，强调参与闲置物品回收产生收益更能激发其闲置物品回收参与意愿；对于启动相依自我构建导向的消费者，强调参与闲置物品回收能够避免损失更能激发其闲置物品回收参与意愿。实验一的结果可以为企业和社会组织预测何种信息策略更加适合哪种自我构建类型的消费者提供理论借鉴和实践指导。

实验一基于调节匹配的劝说性影响机制探讨了信息框架与自我构建对消费者闲置物品回收参与意愿的交互效应，是否存在某些中介或调节机制能够更加完整地解释上述交互效应对消费者闲置物品回收参与意愿的作用机理。两者之间的调节匹配能否如 White 等（2011）、Beak 和 Yoon（2017）的研究那样，引发消费者主观上的“正确感”、积极情绪等。从消费者行为学的角度来看，实验一尚未阐明该交互效应的过程机制和边界范围，后续实验将继续对这些问题进行深入探讨。

3.4 检验信息处理流畅性的中介作用

实验二是对实验一研究结论的扩展和深化。首先，在实验二中本书将换一种信息框架表述形式来检验实验一结果的稳健性；其次，聚焦于对信息框架与自我构建交互影响消费者闲置物品回收参与意愿过程机制的关注，进一步考察信息处理流畅性在信息框架与自我构建交互影响消费者闲置物品回收参与意愿过程中的中介效应；最后，为提升研究结果的外部效度，实验二利用普通消费者为被试对实验一的结果进行重复验证，并对消费者闲置物品回收参与意愿是否能够产生溢出效应做一个初步的探究。

在对信息刺激引发消费者行为态度改变的研究中，Labroo 和 Patrick（2009）的研究表明，信息刺激迎合了消费者的信息处理模式，消费者的信息卷入程度加深，行为意愿被改变。Baek 和 Yoon（2017）的研究发现，环保广告中得益框架对内疚感被启动个体的劝服效果更强；损失框架对羞愧感被启动个体的劝服效果更强。借鉴调节匹配的说服性机制，Lee 和 Aaker（2004）指出，当信息诉求与消费者的调节聚焦类型相一致时，容易唤起消费者的积极情绪，进而提升信息的说服效果。基于上述研究，本书认为，闲置物品回收信息通过强调参与回收能够获得好处或避免损失来呼吁消费者参与。一方面信息框架策略与消费者自我概念一致时，可能引发消费者对信息本身的卷入程度增强，进而导致其信息处理加工更深入，闲置物品回收参与意愿更强；另一方面信息框架策略与消费者自我概念的匹配/不匹配可能引发消费者对信息本身的积极/消极态度或诱发消费者产生积极/消极情绪，进而增强或抑制信息的说服效果。基于上述分析，实验二将对信息卷入度、消费者对信息的态度以及消费者情绪在信息框架和自我构建交互影响过程中可能起到的中介作用进行检验，以识别在信息框架与自我构建交互影响消费者闲置物品回收参与意愿过程中存在的中介机制。

3.4.1 实验设计与过程

实验二采用2信息框架（得益框架VS. 损失框架）×2自我构建（独立自我VS. 相依自我）的双因素组间实验设计。实验二在郑州市、南阳市、葫芦岛市、北京市共邀请157名普通消费者参与实验，与实验一相似，每位被试被随机分配到四种实验情景中的一种，实验结束后项目组通过支付宝向每名被试转账5元钱作为报酬。为了掩盖实验真实目的，被试被告知此次实验旨在了解消费者对某广告公司广告的意见。

（1）实验过程。

实验二正式实验共包含三部分：第一部分是消费者自我构建启动材料，该部分实验材料与实验一相同，阅读完自我构建启动材料后请被试对包含14个测试题项的自我构建测试测量量表进行打分；第二部分是利用得益或损失信息框架设计的信息刺激材料，在被试阅读完材料后，请被试对信息的信息框架类型、闲置物品回收参与意愿、信息处理流畅性、信息卷入度、情绪、广告态度以及溢出效应测试题项进行打分，为了避免中介变量测试题项作为提示性线索影响被试对因变量参与意愿的评价，中介变量测试题项放于因变量之后进行测量；第三部分要求被试回答自己的性别、年龄、职业、受教育程度以及支付宝账号五个题项。实验二第二部分信息框架刺激材料参照White等（2011）和Kidwell等（2013）的研究设计，具体如下。

得益框架情景刺激材料：

想一想如果参与二手闲置物品回收会获得的好处？

答案很简单：如果参与二手闲置物品回收，让这些二手闲置物品多了一分为需要的人带去喜悦的可能；增加了这些二手闲置物品的资源利用价值；可以让家变得更加舒适、宽敞，增加资源利用效率；可以让弃之可惜却又闲置在家的“鸡肋”再次变成“香饽饽”；可以响应低碳生活的号召，履行可持续发展的环保责任。

损失框架情景刺激材料：

想一想如果不参与二手闲置物品回收会遭受的损失？

答案很简单：如果不参与二手闲置物品回收，让这些二手闲置物品少了一分为需要的人减少烦恼的可能；降低了这些二手闲置物品的资源利用价值；难以让家脱离局促、狭小，降低了资源利用效率；让曾经的“香饽饽”变成了弃之可惜却又闲置在家的“鸡肋”；无法响应低碳生活的号召，难以履行可持续发展的环保责任。

实验二共搜集 157 份问卷，剔除信息框架操控失败的问卷 7 份，题项填写不完整的问卷 11 份，实验二共搜集有效问卷 139 份，被试的基本特征如表 3.4 所示。

表 3.4　被试的基本特征分析

变量	特征	数量	比例（%）	变量	特征	数量	比例（%）
性别	男	61	43.89	职业	学生	13	9.36
	女	78	56.11		企、事业单位员工	85	61.15
年龄	≤18 岁	3	2.16		政府公务员	27	19.42
	19～25 岁	34	24.46		自由职业者	11	7.91
	26～30 岁	53	38.13		其他	3	2.16
	31～35 岁	29	20.86	受教育程度	高中及以下	4	2.88
	36～40 岁	12	8.63		大专及同等学历	29	20.86
	≥41 岁	8	5.76		本科	85	61.15
					硕士及以上	21	15.11

（2）变量测量。

实验二中自我构建以及消费者闲置物品回收参与意愿测试题项与实验一相同。参照 White 等（2011）的研究，利用“您在多大程度上认为，广告信息描述的是消费者参与闲置物品回收能够获得的收益；您在多大程度上认为，广告信息描述的是消费者不参与闲置物品回收会产生的损失”两个题项测试被试对信息刺激材料强调获得和损失的评价。参照 White 等（2011）和 Kidwell 等（2013）的测量量表，从“信息处理容易、易理解、信息清晰”三个方面对信息处理流畅性进行测量。参照 Kidwell 等（2013）的研究，从“完全没有卷入情境、快速浏览、没有注意”三个方面测试被试的信息卷入度。通过测试被试的广告喜爱程度测试其对情景刺激材料的态度。利用消费者情绪测量量表测量被试阅读完情景刺激材料以后的积极情绪和消极情绪。所有测试题项均采用李克特7级量表进行测量，1=非常不同意，7=非常同意。中介变量测量量表如表3.5～表3.8所示。

为了对消费者闲置物品回收参与产生的溢出效应做一个初步的探索，参照Kidwell等（2013）关于溢出效应的测量题项，利用“如果有可能，我会优先考虑购买绿色产品；如果有可能，我会优先考虑购买二手产品；我会尽可能地将身边的垃圾进行分类回收”三个题项测量消费者参与闲置物品回收可能产生的溢出效应。所有测试题项均采用李克特7级量表进行测量，1=非常不同意，7=非常同意。

表3.5　信息处理流畅性测量量表

变量	测试题项	来源
信息处理流畅性	处理上述信息感到很容易	Kidwell 等（2013）、White 等（2011）
	上述情境中描述的信息很容易理解	
	上述情境中描述的信息很清晰	

表3.6　信息卷入度测量量表

变量	测试题项	来源
信息卷入度	我完全没有卷入广告情境当中	Kidwell 等（2013）、Labroo 和 Patrick（2009）
	我快速浏览了广告	
	我没有注意广告	

表3.7　广告态度测量量表

变量	测试题项	来源
广告态度	我非常不喜欢这则广告	Beak 和 Yoon（2017）
	这是一则糟糕的广告	

表3.8　情绪测量量表

变量	测试题项	来源
积极情绪	此时此刻，我的心情是高兴的	Beak 和 Yoon（2017）
	此时此刻，我的心情是乐意的	

续表

变量	测试题项	来源
消极情绪	此时此刻，我的心情是难过的	Beak 和 Yoon（2017）
	此时此刻，我的心情是烦躁的	
	此时此刻，我的心情是失望的	

3.4.2　数据分析与结果

本实验采用 Cronbach's α 值对各个变量测量量表进行信度分析。为了保证各个变量的测试题项能够准确反映所要测量的指标，本实验所有测试题项均借鉴了已有成熟量表，并采用探索性因子分析和验证性因子分析法对测量量表进行效度检验，使用 t 检验的方法对实验情景材料进行了操控检验。

（1）信效度分析与操控检验。

首先，对各个变量的信度和效度进行分析。信度分析结果显示，独立自我、相依自我、信息处理流畅性、卷入度、广告态度、积极情绪、消极情绪、闲置物品回收参与意愿测量量表的 Cronbach's α 值分别为 0.792、0.817、0.908、0.761、0.810、0.786、0.921、0.782。利用探索性因子分析法（EFA）对中介变量和因变量测量量表进行 KMO 值和 Bartlett 球形检验。结果显示，量表的 KMO 值为 0.654，巴特利特球形检验结果 sig. = 0.000，适合进行因子分析。因子分析共提取出 6 个特征根大于 1 的公因子，特征根从大到小依次是 3.531、2.759、2.233、1.642、1.442、1.228，累计方差解释率为 80.217%。各个变量测试题项的因子载荷均大于或接近 0.700。验证性因子分析（CFA）检验结果发现，各个变量的组合信度大于 0.700，AVE 值大于 0.500。这说明量表的信度和效度良好，具体检验结果如表 3.9 和表 3.10 所示。

其次，对自我构建进行操控检验。配对样本 t 检验显示，在独立自我组中，被试的独立自我（$M_{独立自我}=5.106$）感知显著高于相依自我（$M_{相依自我}=4.137$），$t(69)=8.314$，$p=0.000$；在相依自我组中，被试的相依自我（$M_{相依自我}=5.091$）感知显著高于独立自我（$M_{独立自我}=4.083$），t（68）=

11.199，p=0.000。独立样本t检验显示，在独立自我组中，被试独立自我感知显著高于相依自我组中独立自我感知，t（137）=9.641，p=0.000；在相依自我组中，被试相依自我感知显著高于独立自我组中相依自我感知，t（137）=－8.600，p=0.000。本实验中自我构建启动成功。

最后，对信息框架进行操控检验。配对样本t检验显示，在得益框架组中，被试更多地认为信息强调的是参与闲置物品回收可以获得收益（$M_{得益}$=5.157，$M_{损失}$=4.029），t（69）=6.937，p=0.000；在损失框架组中，被试更多地认为信息强调的是参与闲置物品回收能够避免产生损失（$M_{得益}$=3.841，$M_{损失}$=5.145），t（68）=－8.135，p=0.000。独立样本t检验显示，在得益框架下，被试感知信息强调参与闲置物品回收获得收益的程度显著高于损失t（137）=7.718，p=0.000；在损失框架下，被试感知信息强调参与闲置物品回收避免产生损失的程度显著高于收益，t（137）=－5.889，p=0.000。本实验中信息框架操控成功。

表3.9　　测量量表的KMO值和Bartlett球形检验结果

项目		值
KMO		0.654
Bartlett球形检验	近似卡方值	1161.525
	自由度	120
	Sig.	0.000

表3.10　　测量量表的信度和效度检验

变量	观测变量	Cronbach's α	因子载荷	组合信度	AVE值
信息处理流畅性	FL1	0.908	0.885	0.922	0.798
	FL2		0.893		
	FL3		0.901		
广告态度	AD1	0.810	0.908	0.905	0.827
	AD2		0.911		
参与意愿	INT1	0.782	0.851	0.853	0.660
	INT2		0.760		
	INT3		0.822		

续表

变量	观测变量	Cronbach's α	因子载荷	组合信度	AVE 值
卷入度	INVO1	0.761	0.904	0.858	0.670
	INVO2		0.696		
	INVO3		0.842		
积极情绪	POE1	0.786	0.883	0.887	0.797
	POE2		0.902		
消极情绪	NEG1	0.921	0.905	0.946	0.853
	NEG2		0.933		
	NEG3		0.933		

（2）假设检验。

以自我构建、信息框架为自变量，参与意愿为因变量进行双因素方差分析。结果显示，自我构建的主效应不显著，$F<1$；信息框架的主效应不显著，$F<1$；信息框架与自我构建的交互效应显著，$F(1, 135)=11.784$，$p=0.001$。基于 Syntax 的简单效应检验结果显示，对于独立自我的消费者，相较于损失框架（$M_{损失}=5.152$），得益框架（$M_{得益}=5.638$）下消费者的闲置物品回收参与意愿更强，$F(1, 136)=6.56$，$p=0.011$；对于相依自我的消费者，相较于得益框架（$M_{得益}=5.276$），损失框架（$M_{损失}=5.716$）下消费者的闲置物品回收参与意愿更强，$F(1, 136)=5.26$，$p=0.023$。实验二重复验证了实验一的研究结果，支持了假设 H1。

借鉴 Muller 等（2005）以及叶宝娟和温忠麟（2013）的方法，采用回归分析检验有中介的调节模型，具体检验步骤如式（3.2）到式（3.4）所示。首先，分别引入虚拟变量表示自我构建和信息框架，并将信息处理流畅性进行中心化处理。其次，如式（3.2）所示，以自我构建、信息框架以及两者的交互项为自变量，闲置物品回收参与意愿为因变量做回归分析，自我构建与信息框架对闲置物品回收参与意愿的交互效应显著（$\beta=0.491$，$p=0.001$），则进一步利用式（3.3）检验自变量和调节变量对中介变量的影响；如式（3.3）所示，以自我构建、信息框架以及两者的交互项为自变量，信息处理流畅性为因变量做回归分析，自我构建与信息框架对信息处理流畅性的交互效应显著（$\beta=0.662$，$p=0.000$）；如式（3.4）所示，以自我构建、信息框架、自我构建与信息框架的交互项、信息处理流畅性、自我构建与信息处理流畅性的交互项为自变量，闲置物品回收参与意愿为因变量做回归分析，自我构建与信息框架的交互效应显著（$\beta=0.241$，$p=0.037$），信息处理流畅性对闲置物品回收参与意愿的影响显著（$\beta=0.404$，$p=0.001$），自我构建与信息处理流畅对闲置物品回收参与意愿的影响不显著（$p>0.05$）。

式（3.3）中自变量和调节变量的回归系数 a_3 显著，且式（3.4）中中介变量的回归系数 b_1 显著，则信息框架和自我构建通过中介变量信息处理流畅性交互影响了因变量闲置物品回收参与意愿；式（3.4）中自变量信息框架与调节变量自我构建的回归系数 c_3' 显著，说明该中介效应为部分中介。根据 Muller 等关于模型检验的标准，信息处理流畅性在自我构建与信息框架交互影响闲置物品回收参与意愿过程中起到了部分中介的作用。

运用回归分析检验有中介的调节模型步骤如下。

Step 1：因变量 Y 对自变量 X、调节变量 U、自变量和调节变量交互项 UX 做回归分析：

$$Y=c_0+c_1X+c_2U+c_3UX+e_1 \tag{3.2}$$

如果自变量和调节变量的交互项 UX 的系数 c_3 显著，则进一步利用式（3.3）检验自变量和调节变量对中介变量的影响。

Step 2：中介变量 W 对自变量 X、调节变量 U、自变量和调节变量交互项 UX 做回归分析：

$$W=a_0+a_1X+a_2U+a_3UX+e_2 \tag{3.3}$$

进一步利用式（3.4）检验自变量和调节变量的交互项 UX、中介变量 W、中介变量与调节变量 UW 的交互项对因变量的影响。

Step 3：因变量 Y 对自变量 X、调节变量 U、自变量和调节变量交互项 UX、中介变量 W、中介变量与调节变量 UW 的交互项做回归分析：

$$Y=c_0'+c_1'X+c_2'U+c_3'UX+b_1W+b_2UW+e_3 \tag{3.4}$$

检验式（3.3）中自变量的回归系数 a_1 以及自变量与调节变量的回归系数 a_3，式（3.4）中中介变量的回归系数 b_1 以及中介变量和调节变量的

回归系数 b_2。如果 a_3 和 b_1 显著或者 a_3 和 b_2 显著，则自变量和调节变量通过中介变量影响了因变量。检验式（3.4）中自变量与调节变量的回归系数 c_3'，若显著说明部分中介，若不显著说明完全中介。本书中，信息框架为自变量X，自我构建为调节变量U，信息处理流畅性为中介变量W，闲置物品回收参与意愿为因变量Y。

为了保证研究结果的准确性，进一步参照Zhao等（2010）提出的中介效应检验方法，利用Hayes（2013）提出的有中介的调节模型8对信息处理流畅性进行Bootstrap中介效应检验，样本量选择5000，置信区间选择95%。结果表明，信息处理流畅性的确中介了自我构建与信息框架对消费者闲置物品回收参与意愿的影响，中介效应大小为0.4769，置信区间为(0.2426，0.8141)，区间不包含0。进一步的分析显示，在独立自我情境下，中介效应大小为-0.2998，置信区间为（-0.5196，-0.1496），区间不包含0；在相依自我情境下，中介效应大小为0.1772，置信区间为(0.0466，0.3763)，区间不包含0。假设H2得到实验支持，信息处理流畅性在信息框架与自我构建对消费者闲置物品回收参与意愿的交互影响中起到了中介作用。

为了排除信息卷入度、积极情绪、消极情绪以及消费者的广告态度在信息框架与自我构建交互影响消费者闲置物品回收参与意愿效应中起到中介作用的可能性。参照Zhao等（2010）提出的中介效应检验方法，利用Hayes（2013）提出的有中介的调节模型8分别对信息卷入度、积极情绪、消极情绪、消费者的广告态度进行了Bootstrap中介效应检验，样本量选择5000，置信区间选择95%。检验结果表明，消费者的信息卷入度没有中介自我构建与信息框架对消费者闲置物品回收参与意愿的影响，置信区间（-0.1478，0.0634）包含0。积极情绪没有中介自我构建与信息框架对消费者闲置物品回收参与意愿的影响，置信区间（-0.1189，0.0234）包含0。消极情绪没有中介自我构建与信息框架对消费者闲置物品回收参与意愿的影响，置信区间（-0.0691，0.1147）包含0。消费者对信息的态度没有中介自我构建与信息框架对消费者闲置物品回收参与意愿的影响，置信区间（-0.2038，0.0170）包含0。

同时，构建方差分析模型，利用双因素方差分析分别检验信息框架与自我构建对信息卷入度、积极情绪、消极情绪和信息态度的交互作用效果。结果显示，在信息框架与自我构建对信息卷入度的交互影响不显著，$F(1, 135)=3.868$，$p>0.05$。信息框架与自我构建对积极情绪的交互影响不显著，$F(1, 135)=0.082$，$p>0.05$。信息框架与自我构建对消极情绪的交互影响不显著，$F(1, 135)=2.843$，$p>0.05$。信息框架与自我构建对信息态度的交互影响不显著，$F(1, 135)=1.136$，$p>0.05$。结合Bootstrap中介效应检验结果，本书认为信息卷入度、积极情绪、消极情绪、信息态度在信息框架与自我构建交互影响消费者闲置物品回收参与意愿的过程中没有起到中介作用。

（3）溢出效应初探。

回归分析能够确定连续变量间的因果关系，经常被用于解释和预测自变量对因变量的影响。参照 Kidwell 等（2013）的研究方法，利用式（3.5）所示的回归方程式探究消费者闲置物品回收参与意愿的溢出效应。式（3.5）中的因变量 Y 分别为绿色产品消费意愿、垃圾分类回收意愿以及二手产品购买意愿，自变量 X 为消费者的闲置物品回收参与意愿，β_0 为常数，β_1 为自变量对因变量的回归系数，ε 表示残差。回归分析结果表明，闲置物品回收参与意愿对消费者绿色产品消费意愿（$\beta=0.233$，$t=2.805$，$p=0.006$）以及垃圾分类回收意愿（$\beta=0.217$，$t=2.608$，$p=0.010$）存在显著影响，对二手产品购买意愿的影响不显著（$\beta=0.112$，$t=1.320$，$p>0.05$）。检验结果说明，消费者的闲置物品回收参与意愿能够显著影响其绿色产品消费意愿和垃圾分类回收意愿，消费者乐意将自己的闲置物品进行回收并不代表其愿意购买二手产品。

$$Y=\beta_0+\beta_1 X_1+\varepsilon \tag{3.5}$$

3.4.3 实验二结果讨论

首先，实验二利用普通消费者为被试重复证实了实验一的研究结果，信息框架与自我构建交互影响消费者的闲置物品回收参与意愿。其次，实验二的结果验证了假设 H2，信息处理流畅性在自我构建与信息框架交互影响消费者闲置物品回收参与意愿的过程中起到了中介作用。最后，实验二排除了信息卷入度、信息态度和消费者情绪在信息框架与自我构建交互影响消费者闲置物品回收参与意愿过程中可能起到的中介作用。

通过实验一和实验二，本书探明了信息框架与自我构建交互影响消费者闲置物品回收参与意愿的匹配形式及其过程机制。回答了“不同类型自我构建消费者具有怎样的信息偏好，信息框架与自我构建交互影响消费者闲置物品回收参与意愿的作用效果如何，这一交互效应产生的过程机制是什么”这些问题。为了进一步厘清信息框架与自我构建交互影响消费者闲置物品回收参与意愿的作用边界，仍存在以下问题值得探讨：

（1）在“互联网 + 回收”商业实践中，消费者的自我构建类型是否与回收方式存在匹配效应，哪种类型消费者更偏好何种方式的回收？（2）回收方式如何通过改变消费者的认知改变信息框架和自我构建交互影响作用的效果？（3）随着循环经济理念的渗透，消费者逐渐接受闲置物品回收过程中，会呈现出两种类型消费者：一种是认为闲置物品回收与自身相关性强，另一种认为闲置物品回收与自身相关性弱。此时，自我构建将不是很好的消费者类型划分方式，针对这一情况，应该如何调整信息框架策略？（4）实验二对溢出效应初步探索的结果表明，消费者的闲置物品回收参与意愿能够影响其绿色产品购买意愿和垃圾分类回收意愿，对二手产品购买意愿的影响不显著。二手产品购买与闲置物品回收行为均属于亲社会行为，都能够体现消费者的亲社会理念和价值观，该研究结论与理论推理存在矛盾，研究结果的稳健性尚需进一步验证。（5）消费者闲置物品回收行为对其他亲社会行为产生的溢出效应能否通过外部信息反馈策略进行有效干预值得探究。

第4章　回收方式对信息框架与自我构建交互效应的边界作用

商业实践中，闲置物品回收存在闲置赚钱和闲置赠送两种回收方式，根据刺激反应模型，不同回收方式刺激消费者产生差异化的行为动机，进而诱发其差异化的行为意愿。为了深度识别回收方式在消费者闲置物品回收参与过程中产生的影响作用，本章探究回收方式与自我构建以及回收方式与信息框架两两之间的交互效应，并试图找出回收方式与信息框架、自我构建三者之间的协同作用机制。

4.1　回收方式边界作用的理论推演与假设提出

4.1.1　回收方式与自我构建的交互效应

回收方式是指“互联网+回收”平台运用何种方式对消费者的闲置物品进行回收。回收方式通常以消费者的回收动机为基础，消费者的闲置物品回收行为既可能是出于出售自身的闲置物品赚取利润的利己动机，也可能是出于帮助他人或节约资源的利他动机。两种行为动机促使商业实践中出现两种类型的回收方式：一种是让消费者在平台上出售闲置物品以换取经济利益，也就是说，消费者通过闲置物品回收平台将自己不需要的物品作为二手商品转卖出去以赚取利润；另一种是让消费者将自己的闲置物品赠送给有需要的人，也就是说，消费者将自己不需要的物品免费赠送给有需要的人。无论是闲置赚钱还是闲置赠送，不同类型消费者在不同情境下对其的反应存在差异。

在研究消费者消费问题时，曾世强等（2016）发现，不同自我构建类型的消费者在为自己或他人消费时感知到的心理效用不同，导致独立自我的消费者更乐意为自己消费，相依自我的消费者更乐意为他人消费。消费者的闲置物品回收行为会影响到自身、他人或社会利益，其行为动机可能更多受到社会规范的影响，表现出集体主义和利他行为；也可能在更大程度上受到个人利益或个人道德规范的影响，表现出个人主义和利己行为。不同行为动机导致消费者的关注点存在差异，拥有利己主义价值观的消费者在决策时更加关注自身利益和损失；拥有集体主义价值观的消费者在决策时更加关注自身行为对社会和集体的影响（Graham et al.，2011；Graham et al.，2009）。根据自我构建理论，独立自我的消费者强调自身利益；相依自我的消费者关注自身的社会责任与义务。闲置物品两种回收方式的受益主体不同，闲置赚钱的受益主体主要是自己，闲置赠送的受益主体主要是他人，回收方式与行为动机相匹配时消费者的行为意愿被增强。基于此，提出以下假设：

H3：对于独立自我消费者，相比闲置赠送的回收方式，闲置赚钱会提升其闲置物品回收参与意愿；对于相依自我消费者，相比闲置赚钱的回收方式，闲置赠送会提升其闲置物品回收参与意愿。

4.1.2 回收方式对信息框架与自我构建交互效应的边界作用

独立自我的消费者以自我聚焦为导向，“获得”的目标追求策略会让其感受到调节匹配；相依自我的消费者以他人偏好为导向，“规避”的目标追求策略会让其感受到调节匹配（Lee et al.，2000）。当信息的聚焦方式与消费者的调节点存在匹配时，调节匹配使其感受到更强的正确感，消费者对信息处理更流畅，评价更积极，信息的说服效果增强；反之，当信息的聚焦方式与消费者的调节点不匹配时，调节不匹配使其感受到更强的错误感，相应地，消费者对信息处理更困难，评价更消极，信息的说服效果减弱（Aaker and Lee，2001）。根据实验一和实验二的检验结果，得益框架信息对独立自我消费者闲置物品回收参与意愿的作用效果更强；损失框架信息对相依自我消费者闲置物品回收参与意愿的作用效果更强。信息处理流畅性在信息框架与自构建交互影响参与意愿过程中起到了中介作用。

基于自我构建理论，在进行利益分配时，独立自我的消费者更多地考虑自我需要的满足，倾向于做出对自己最有利的决策；相依自我的消费者更乐意从他人需要出发解决问题，倾向于考虑他人的需要和期望（Utz，2004；Howard et al.，2007）。面对闲置物品回收的两种方式，不同自我构建类型消费者的偏好选择存在差异。闲置赚钱的受益主体是自己，与独立自我消费者的自我概念存在较高的契合度；闲置赠送的受益主体是他人，与独立自我消费者的目标取向不存在匹配；相反，闲置赠送与相依自我消费者的自我概念存在较高的契合度，闲置赚钱与相依自我消费者的目标取向不存在匹配。

综上所述，得益框架与独立自我消费者的调节点匹配，且闲置赚钱的回收方式迎合了独立自我消费者对个人利益的追求；损失框架与相依自我消费者的调节点匹配，且闲置赠送的回收方式符合相依自我消费者追求社会和谐、履行社会责任和义务的心理认知。基于此，提出以下假设：

H4：对于独立自我消费者，闲置赚钱方式下得益框架对其闲置物品回收参与意愿的影响更强；闲置赠送方式下两种信息框架对其闲置物品回收参与意愿的影响不存在显著差异。

H5：对于相依自我消费者，闲置赠送方式下损失框架对其闲置物品回收参与意愿的影响更强；闲置赚钱方式下两种信息框架对其闲置物品回收参与意愿的影响不存在显著差异。

基于上述假设，构建如图4.1所示的概念模型。

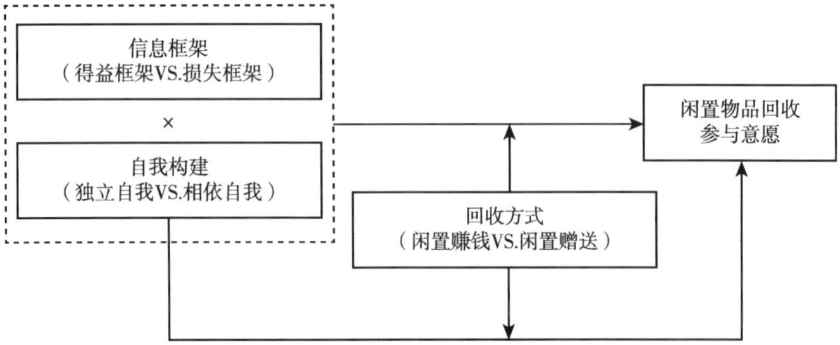

图4.1　回收方式边界作用的概念模型

4.2 检验回收方式与自我构建的交互效应

实验一和实验二的研究结果均表明，对于独立自我的消费者，聚焦于获得收益的信息框架策略能够引发其更强的闲置物品回收参与意愿；对于相依自我的消费者，聚焦于阻止损失的信息框架策略能够引发其更强的闲置物品回收参与意愿。实验三旨在探讨闲置赚钱和闲置赠送两种回收方式能否引发不同类型自我构建消费者差异化的行为意愿，识别回收方式与自我构建交互影响消费者闲置物品回收参与意愿的作用方式和作用效果，验证假设H3。

4.2.1 实验设计与过程

实验三采用2自我构建（独立自我VS. 相依自我）×2回收方式（闲置赠送VS. 闲置赚钱）的双因素组间实验设计。因变量为消费者闲置物品回收参与意愿。实验三采用线上和线下调研相结合的方式进行数据搜集。在实际调研过程中，项目组成员或邀请被试通过问卷星平台的链接参与调研，或通过微信、电子邮箱的方式向被试发放电子问卷，或线下直接向被试发放纸质问卷。每位被试被随机分配到独立自我/闲置赠送、独立自我/闲置赚钱、相依自我/闲置赠送、相依自我/闲置赚钱四种实验情景中的一种，实验结束后通过支付宝向被试转账5元或者赠送被试一份文具礼品作为报酬。为了掩盖实验真实目的，被试被告知此次实验旨在了解消费者对某广告公司广告的意见。

实验三共包含三部分：第一部分是自我构建启动材料。第二部分是不同回收方式（闲置赠送VS. 闲置赚钱）的信息刺激材料。阅读完信息刺激材料后，利用“您在多大程度上认为广告传递的信息内容是闲置物品赠送；您在多大程度上认为广告传递的信息内容是闲置物品卖了赚钱（1=非常低，7=非常高）”对信息传递的闲置物品回收类型进行操控检验。之后，测试被试的闲置物品回收参与意愿及溢出效应，测量题项同实验二相同。第三部分要求被试回答自己的性别、年龄、职业、受教育程度以及支付宝账号五个题项。第二部分的信息刺激材料如下：

独立自我/闲置赠送情境下刺激材料为：

赠人玫瑰，手留余香。像你一样的人正在改变人们的生活方式，做与众不同的自己——赶快参与二手闲置赠送吧！

独立自我/闲置赚钱情境下刺激材料为：

闲置换钱，悦己利他。像你一样的人正在改变人们的生活方式，做与众不同的自己——赶快参与二手闲置赚钱吧！

相依自我/闲置赠送情境下刺激材料为：

赠人玫瑰，手留余香。和你一样的人正在改变人们的生活方式，让我们一起行动——赶快参与二手闲置赠送吧！

相依自我/闲置赚钱情境下刺激材料为：

闲置换钱，悦己利他。和你一样的人正在改变人们的生活方式，让我们一起行动——赶快参与二手闲置赚钱吧！

实验三共收集线上问卷122份，线下纸质问卷71份。剔除IP地址相同的问卷2份，问题回答不完善的问卷21份，操控检验不通过的问卷11份，回答时间低于40秒的问卷19份，共得到有效问卷140份。被试的基本特征如表4.1所示。

表4.1　　被试的基本特征分析

变量	特征	数量	比例（%）	变量	特征	数量	比例（%）
性别	男	64	45.71	职业	学生	18	12.86
	女	76	54.29		企、事业单位员工	84	60.00
年龄	≤18岁	1	0.71		政府公务员	15	10.71
	19~25岁	42	30.00		自由职业者	19	13.57
	26~30岁	49	35.00		其他	4	2.86
	31~35岁	27	19.29	受教育程度	高中及以下	2	1.43
	36~40岁	12	8.57		大专及同等学历	23	16.43
	≥41岁	9	6.43		本科	99	70.71
					硕士及以上	16	11.43

4.2.2　数据分析与结果

（1）信度分析与操控检验。

本实验采用 Cronbach's α 值对参与意愿测量量表进行信度分析；为了保证闲置赠送和闲置赚钱的实验材料能够代表特定的回收类型，使用 t 检验的方法对实验情景材料进行了操控检验。

首先，进行信度检验。结果显示，消费者闲置物品参与意愿测量量表的 Cronbach's α 值为 0.843，量表的信度良好。

其次，对回收类型进行操控检验。独立样本 t 检验显示，闲置赠送组中被试感知信息强调闲置物品赠送的程度更高（$M_{赠送}=5.000$，$M_{赚钱}=2.873$），$t(138)=15.591$，$p=0.000$；闲置赚钱组被试感知信息强调闲置物品卖了赚钱的程度更高（$M_{赠送}=2.971$，$M_{赚钱}=5.028$），$t(138)=-15.249$，$p=0.000$。配对样本 t 检验显示，闲置赠送组中被试感知信息强调闲置物品赠送的程度显著高于闲置赚钱，$t(68)=15.544$，$p=0.000$；闲置赚钱组中被试感知信息强调闲置赚钱的程度显著高于闲置赠送，$t(70)=14.148$，$p=0.000$。本实验中回收类型操控成功。

（2）假设检验。

以自我构建、回收方式为自变量，参与意愿为因变量构建方差分析模型。双因素方差分析结果表明，自我构建的主效应不显著，$F(1, 136)<1$；回收方式的主效应显著，相较于闲置赠送的回收方式（$M_{赠送}=4.874$），消费者对闲置赚钱回收方式（$M_{赚钱}=5.315$）的闲置物品回收参与愿意更强，$F(1, 136)=14.444$，$p=0.000$。自我构建与回收类型的交互效应显著，$F(1, 136)=4.295$，$p=0.040$。

基于 Syntax 的简单效应检验结果显示，对于独立自我的消费者，相较于闲置赠送的回收方式（$M_{赠送}=4.765$），闲置赚钱的回收方式（$M_{赚钱}=5.444$）对其闲置物品回收参与意愿的影响更强，$F(1, 137)=17.40$，$p=0.000$；对于相依自我的消费者，闲置赠送（$M_{赠送}=4.981$）和闲置赚钱（$M_{赚钱}=5.181$）两种回收方式对其闲置物品回收参与意愿的影响不存在显著差异，$F(1, 137) = 1.50$，$p > 0.1$。如图 4.2 所示。假设 H3 得到部分支持。

利用回归分析探究消费者闲置物品回收参与意愿的溢出效应。结果表明，消费者闲置物品回收参与意愿对其绿色产品购买意愿（$\beta = 0.248$，$t = 3.012$，$p = 0.003$）以及垃圾分类回收意愿（$\beta = 0.197$，$t = 2.363$，$p = 0.020$）存在显著影响，对二手产品购买意愿的影响不显著（$\beta = 0.132$，$t = 1.561$，$p > 0.1$）。重复验证了实验二中关于闲置物品回收能够产生正向溢出效应的结论。

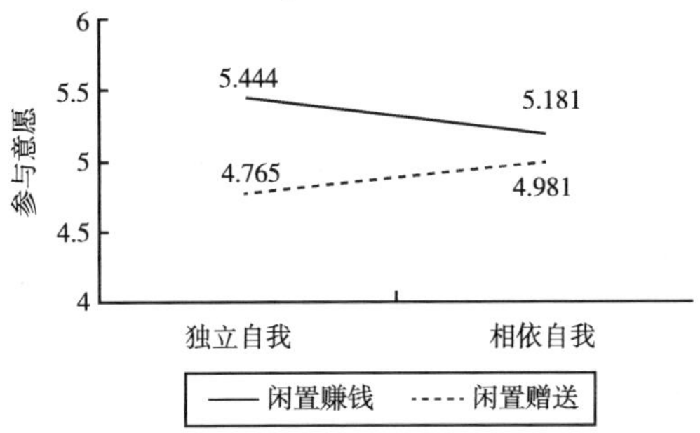

图 4.2　自我构建与回收方式对闲置物品回收参与意愿的交互影响

4.2.3　结果讨论

实验三部分验证了假设 H3，对于独立自我的消费者，闲置赚钱的回收方式对其闲置物品回收参与意愿的影响更强；对于相依自我的消费者，两种回收方式对其闲置物品回收参与意愿的影响不存在显著差异。

首先，实验三的实验结果说明，独立自我消费者更愿意参与闲置赚钱方式的闲置物品回收，相依自我消费者对闲置赚钱和闲置赠送两种方式的闲置物品回收没有表现出明显的偏好差异。实验三研究结论与经过理论推演提出的假设不完全符合，需要对研究结果的准确性进行再次检验。其次，回收方式与消费者的自我构建类型不匹配，其是否同信息框架类型存在匹配，能否改变自我构建与信息框架交互影响消费者闲置物品回收参与意愿的作用效果，作用强度有多大尚需检验。最后，实验三为闲置物品回收能够产生溢出效应提供了佐证，尚需对溢出效应的范围及其干预机制做出深入探索。

4.3　检验回收方式对信息框架与自我构建交互影响的边界作用

学者在调节匹配的研究中不断考察信息框架与其他变量一致所产生的调节匹配对信息说服力的影响，并且通过增加调节变量的方式澄清研究中出现的信息得益框架与损失框架对信息说服力的影响所得出的矛盾结论。实验四的目的，一方面是重复检验实验三的实验结果；另一方面是探究回收方式对信息框架和自我构建交互影响的边界作用，找出信息框架、自我构建以及回收方式三者之间的协调匹配机制，为“互联网 + 回收”商业实践提供进一步指导。

4.3.1　实验设计与过程

实验四采用 2 信息框架（得益框架 VS. 损失框架）×2 回收方式（闲置赠送 VS. 闲置赚钱）×2 自我构建（独立自我 VS. 相依自我）的三因素组间实验设计，因变量是消费者闲置物品回收参与意愿。实验四以普通消费者为被试，被试来源较为广泛，有企事业单位员工、政府公务员、学生、自由职业者等。为了掩盖实验真实目的，被试被告知此次实验旨在了解消费者对某广告公司广告的意见，答案无对错之分。请被试按照卡片一和卡片二的顺序依次认真阅读并独立完成意见调查表。实验结束后赠送每位被试一份文具套装礼品或 5 元钱作为报酬。

实验四中卡片一是自我构建启动材料；卡片二是不同情景的信息刺激材料和测试题项。阅读完卡片二上的情景刺激材料后，利用“您在多大程度上认为广告传递的信息内容是闲置物品赠送；您在多大程度上认为广告传递的信息内容是闲置物品卖了赚钱”两个题项测试被试对回收类型的感知。利用“您在多大程度上认为广告描述的是消费者参与闲置物品回收能够获得的收益；您在多大程度上认为广告描述的是消费者参与闲置物品回收能够避免损失”两个题项请被试对刺激材料的信息类型进行评价。最后，请被试从“可能参与、优先考虑参与、愿意参与”三个方面评价自身的闲置物品回收参与意愿。所有测试题项均采用李克特7级量表进行测量，1=非常不同意，7=非常同意。完成测试题项后要求被试回答自己的性别、年龄、职业、受教育程度四个题项。卡片二上的刺激材料如下。

闲置赠送/得益框架情景刺激材料为：

如果定期将家中的闲置物品，赠送给其他需要的人，不仅可以让家变得更加舒适、宽敞，而且在合理利用资源的同时收获一份因闲置物品分享带来的喜悦。

闲置赚钱/得益框架情景刺激材料为：

如果定期将家中的闲置物品，卖给其他需要的人，不仅可以让家变得更加舒适、宽敞，而且在合理利用资源的同时增加一笔因闲置物品销售带来的金钱收益。

闲置赠送/损失框架情景刺激材料为：

如果定期将家中的闲置物品，赠送给其他需要的人，不仅可以让家脱离局促、狭小的状况，而且在避免资源浪费的同时缓解你因无处安放闲置物品带来的精神苦恼。

闲置赚钱/损失框架情景刺激材料为：

如果定期将家中的闲置物品，卖给其他需要的人，不仅可以让家脱离局促、狭小的状况，而且在避免资源浪费的同时缓解你因闲置资源占用带来的金钱损失。

实验四每组预设回收样本40份，共回收320份问卷。剔除填写不完整的问卷26份，操控检验题项回答不认真的问卷11份，最终实际回收有效问卷283份。被试年龄主要集中在19~35岁，占比为81.27%，与闲置物品回收平台消费者群体特征基本一致，具体如表4.2所示。

表 4.2　　　　被试的基本特征分析

变量	特征	数量	比例（%）	变量	特征	数量	比例（%）
性别	男	134	47.35	职业	学生	32	11.31
	女	149	52.65		企、事业单位员工	167	59.01
年龄	≤18 岁	8	2.83		政府公务员	45	15.90
	19～25 岁	78	27.56		自由职业者	22	7.77
	26～30 岁	106	37.46		其他	17	6.01
	31～35 岁	46	16.25	受教育程度	高中及以下	10	3.53
	36～40 岁	32	11.31		大专及同等学历	81	28.62
	≥41 岁	13	4.59		本科	146	51.59
					硕士及以上	46	16.26

4.3.2　数据分析与结果

（1）信度分析与操控检验。

本实验采用 Cronbach's α 值对参与意愿测量量表进行信度分析；为了保证实验刺激材料能够反映特定的信息框架类型和回收方式，采用 t 检验的方法对实验情景材料进行了操控检验。

首先，对消费者闲置物品回收参与意愿测量量表的信度进行分析。结果显示，消费者闲置物品回收参与意愿的 Cronbach's α 值为 0.882，信度良好。

其次，对刺激材料的信息类型进行操控检验。独立样本 t 检验显示，得益框架组被试感知信息强调闲置物品回收获得收益的程度更高（$M_{得益}=4.657$，$M_{损失}=3.720$），$t(281)=7.450$，$p=0.000$；损失框架组被试感知信息强调闲置物品回收避免损失的程度更高（$M_{得益}=3.536$，$M_{损失}=4.748$），$t(281)=-9.330$，$p=0.000$。配对样本 t 检验显示，得益框架组被试感知信息强调闲置物品回收获得收益的程度显著高于避免损失，$t(139)=9.611$，$p=0.000$；损失框架组被试感知信息强调闲置物品回收避免损失的程度显著高于获得收益，$t(142)=-10.259$，$p=0.000$。本实验中信息框架操控成功。

最后，对回收类型进行操控检验。独立样本 t 检验显示，闲置赠送组被试感知信息强调闲置物品赠送的程度更高（$M_{赠送}=4.777$，$M_{赚钱}=2.618$），$t(281)=17.119$，$p=0.000$；闲置赚钱组被试感知信息强调闲置物品卖了赚钱的程度更高（$M_{赠送}=2.820$，$M_{赚钱}=4.701$），$t(281)=-15.503$，$p=0.000$。配对样本 t 检验显示，闲置赠送组被试感知信息强调闲置物品赠送的程度显著高于卖了赚钱，$t(138)=15.977$，$p=0.000$；闲置赚钱组被试感知信息强调闲置物品卖了赚钱的程度显著高于赠送，$t(143)=-17.232$，$p=0.000$。本实验中回收类型操控成功。

（2）假设检验。

以自我构建、信息框架、回收方式为自变量，参与意愿为因变量，构建如式（4.1）所示的多因素方差分析模型，其中，μ 表示总体的平均水平，α_i、β_j、γ_k 分别表示 i 类型自我构建、j 类型信息框架、k 类型回收方式的附加效应，τ_{ij} 为 i 类型自我构建与 j 类型信息框架的交互效应，ν_{jk} 为 j 类型信息框架与 k 类型回收方式的交互效应，ω_{ik} 为 i 类型自我构建与 k 类型回收方式的交互效应，θ_{ijk} 为 i 类型自我构建、j 类型信息框架、k 类型回收方式三者的交互效应，ε_{ijkl} 为随机误差。

$$\begin{cases} Y_{ijkl} = \mu + \alpha_i + \beta_j + \gamma_k + \tau_{ij} + \nu_{jk} + \omega_{ik} + \theta_{ijk} + \varepsilon_{ijkl}, \\ i = 1,2, j = 1,2, k = 1,2, \\ \sum_{i=1}^{2} \alpha_i = \sum_{j=1}^{2} \beta_j = \sum_{k=1}^{2} \gamma_k = 0, \sum_{i=1}^{2} \tau_{ij} = 0, \\ \sum_{j=1}^{2} \nu_{jk} = \sum_{k=1}^{2} \nu_{jk} = 0, \sum_{i=1}^{2} \omega_{ik} = \sum_{k=1}^{2} \omega_{ik} = 0, \\ \sum_{i=1}^{2} \theta_{ijk} = \sum_{j=1}^{2} \theta_{ijk} = \sum_{k=1}^{2} \theta_{ijk} = 0, \\ \varepsilon_{ijkl} \sim N(0, \sigma^2)\text{，且相互独立} \end{cases} \tag{4.1}$$

多因素方差分析结果表明，自我构建的主效应不显著，$F(1, 275)<1$；信息框架的主效应不显著，$F(1, 275)<1$；回收方式的主效应不显著，$F(1, 275)<1$；自我构建与信息框架的交互效应显著，$F(1, 275)=$

10.757，$p=0.001$；自我构建与回收方式的交互效应显著 $F(1, 275)=10.070$，$p=0.002$；信息框架与回收方式的交互效应显著，$F(1, 275)=7.921$，$p=0.005$；自我构建、信息框架、回收方式三者的交互效应显著，$F(1, 275)=4.022$，$p=0.046$。进一步基于 Syntax 的简单简单效应检验显示：

首先，对于独立自我的消费者，在闲置赠送方式下，得益框架与损失框架对其闲置物品回收参与意愿的影响不存在显著差异（$M_{得益}=4.905$，$M_{损失}=4.648$），$F(1, 278)=1.69$，$p=0.195$；在闲置赚钱方式下，得益框架对其闲置物品回收参与意愿的影响更强（$M_{得益}=5.333$，$M_{损失}=4.919$），$F(1, 278)=4.30$，$p=0.039$。如图4.3所示，假设H4得到数据支持。对于相依自我的消费者，在闲置赠送方式下，损失框架对其闲置物品回收参与意愿的影响更强（$M_{得益}=4.706$，$M_{损失}=5.476$），$F(1, 278)=15.09$，$p=0.000$；在闲置赚钱方式下，得益框架与损失框架对其闲置物品回收参与意愿的影响不存在显著差异（$M_{得益}=4.907$，$M_{损失}=4.741$），$F(1, 278)=0.73$，$p=0.394$。如图4.4所示，假设H5得到数据支持。

其次，对于独立自我的消费者，得益框架下其对闲置赚钱方式的闲置物品回收参与意愿更强（$M_{赠送}=4.905$，$M_{赚钱}=5.333$），$F(1, 278)=4.68$，$p=0.031$；损失框架下其对闲置赠送和闲置赚钱两种回收方式的闲置物品回收参与意愿不存在显著差异（$M_{赠送}=4.648$，$M_{赚钱}=4.919$），$F(1, 278)=1.80$，$p=0.181$。对于相依自我的消费者，得益框架下其对闲置赠送和闲置赚钱两种方式的闲置物品回收参与意愿不存在显著差异（$M_{赠送}=4.706$，$M_{赚钱}=4.907$），$F(1, 278)=0.95$，$p=0.331$；损失框架下其对闲置赠送方式的闲置物品回收参与意愿更强（$M_{赠送}=5.476$，$M_{赚钱}=4.741$），$F(1, 278)=13.81$，$p=0.000$。

再次，对于独立自我的消费者，得益框架（$M_{得益}=5.119$，$M_{损失}=4.787$）对其闲置物品回收参与意愿的影响更强，$F(1, 280)=5.52$，$p=0.020$；对于相依自我的消费者，损失框架（$M_{得益}=4.810$，$M_{损失}=5.103$）对其闲置物品回收参与意愿的影响更强，$F(1, 280)=4.29$，$p=0.039$。

重复验证了实验一和实验二的研究结果。

最后，对于独立自我的消费者，闲置赚钱的回收方式（$M_{赚钱}=5.120$）对其闲置物品回收参与意愿的影响显著高于闲置赠送（$M_{赠送}=4.776$），$F(1, 280)=5.92$，$p=0.016$；对于相依自我的消费者，闲置赠送（$M_{赠送}=5.097$）与闲置赚钱（$M_{赚钱}=4.824$）两种回收方式对其闲置物品回收参与意愿的影响不存在显著差异，$F(1, 280)=3.68$，$p=0.056$。重复验证了实验三的实验结果。

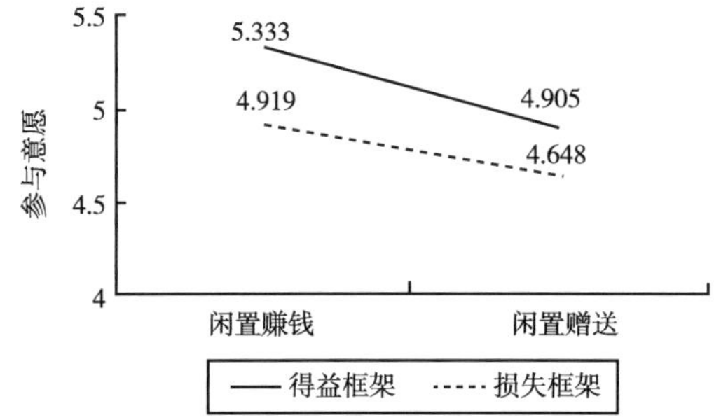

图 4.3　独立自我消费者的闲置物品回收参与意愿

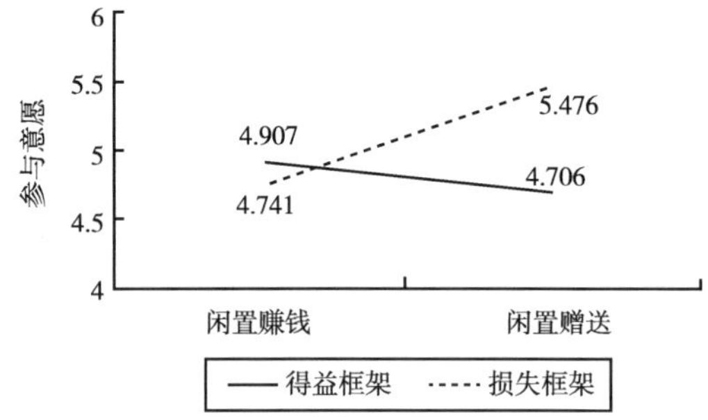

图 4.4　相依自我消费者的闲置物品回收参与意愿

实验四的研究结论证实，对于独立自我的消费者，闲置赚钱方式下得益框架对其闲置物品回收参与意愿的影响更强；闲置赠送方式下得益框架与损失框架对其闲置物品回收参与意愿的影响不存在显著差异。对于相依自我的消费者，闲置赠送方式下损失框架对其闲置物品回收参与意愿的影响更强；闲置赚钱方式下得益框架与损失框架对其闲置物品回收参与意愿的影响不存在显著差异。此外，实验四还发现，对于独立自我的消费者，得益框架下闲置赚钱对其闲置物品回收参与意愿的影响更强；对于相依自我的消费者，损失框架下闲置赠送对其闲置物品回收参与意愿的影响更强。实验三的研究结论证实，独立自我的消费者更愿意参与闲置赚钱方式的闲置物品回收；相依自我的消费者对闲置赠送和闲置赚钱两种回收方式的闲置物品回收参与意愿没有明显的偏好差异。实验三与实验四的研究结果存在部分矛盾。

为了进一步找出实验三与实验四研究结果存在部分矛盾的原因，进一步对信息框架和回收方式的交互效应进行分析。结果显示，信息框架与回收方式对参与意愿的交互效应显著，$F(1, 279) = 7.223$，$p = 0.008$。基于Syntax的简单效应分析显示：

首先，在闲置赠送方式下，得益框架（$M_{得益} = 4.807$）与损失框架（$M_{损失} = 5.062$）对消费者闲置物品回收参与意愿的影响不存在显著差异，$F(1, 280) = 3.15$，$p = 0.077$；在闲置赚钱方式下，得益框架（$M_{得益} = 5.117$）对消费者闲置物品回收参与意愿的影响显著高于损失框架（$M_{损失} = 4.831$），$F(1, 280) = 4.11$，$p = 0.044$，如图4.5所示。

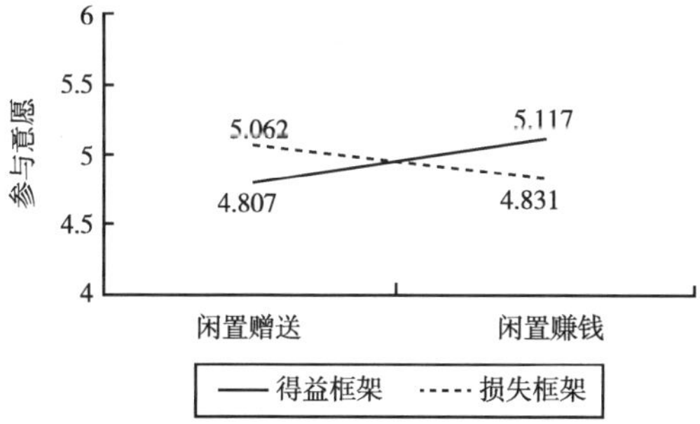

图4.5 不同回收方式下信息框架对消费者闲置物品回收参与意愿的影响

其次，在得益框架下，闲置赚钱（$M_{赚钱} = 5.117$）回收方式对闲置物品回收参与意愿的影响显著高于闲置赠送（$M_{赠送} = 4.807$），$F(1, 280) = 4.73$，$p = 0.031$；在损失框架下，闲置赚钱（$M_{赚钱} = 4.831$）与闲置赠送（$M_{赠送} = 5.062$）对闲置物品回收参与意愿的影响不存在显著差异，F（1，

280）=2.67，p=0.103，如图4.6所示。

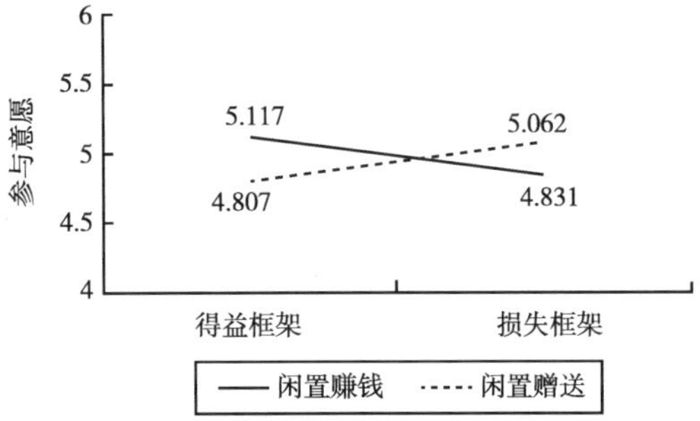

图4.6　不同信息框架下回收方式对闲置物品回收参与意愿的影响

结合假设H1的验证结果，本书认为信息框架与闲置物品回收方式、自我构建与闲置物品回收方式不存在匹配，信息框架、自我构建以及回收方式三者之间存在协同匹配。具体而言：

（1）对于启动独立自我构建导向的消费者，在闲置赚钱回收方式下，得益框架更能激发消费者的闲置物品回收参与意愿；在闲置赠送回收方式下，得益框架与损失框架对消费者闲置物品回收参与意愿的影响不存在显著差异。对于启动相依自我构建导向的消费者，在闲置赠送方式下，损失框架能够激发消费者的闲置物品回收参与意愿；在闲置赚钱方式下，得益框架与损失框架对消费者闲置物回收参与意愿的影响不存在显著差异。

（2）对于启动独立自我构建导向的消费者，当闲置物品回收信息内容强调获得收益时，采用闲置赚钱的回收方式更能激发其闲置物品回收参与意愿；当强调避免损失时，两种回收方式对消费者闲置物品回收参与意愿的影响不存在显著差异。对于启动相依自我构建导向的消费者，当闲置物品回收信息内容强调避免损失时，采用闲置赠送的回收方式更能激发消费者的闲置物品回收参与意愿；当强调获得收益时，两种回收方式对消费者闲置物品回收参与意愿的影响不存在显著差异。

4.3.3　结果讨论

实验四阐明了商业实践中外部干扰因素交互影响消费者闲置物品回收

参与意愿的作用效果，探明了信息框架、自我构建以及回收方式对消费者闲置物品回收参与意愿的协同影响机理。

（1）在进行利益分配时，独立自我的消费者更加关注自身利益，更多考虑自我需要的满足，闲置赚钱为其带来的个人收益更多，其对闲置赚钱回收方式有更强的偏好。相依自我的消费者关注应该自我，期望避免消极结果来实现理想自我，更乐意从他人需要出发解决问题，倾向于考虑他人的需要和期望，但是闲置物品回收的两种方式闲置赠送和闲置赚钱均属于亲社会行为的方式或手段，不能明显代表自身的利己偏好或利他偏好，不会导致相依自我消费者的认知冲突。这些因素导致相依自我消费者对两种类型闲置物品回收方式的参与意愿没有表现出明显的偏好差异。

（2）回收方式着眼于消费者的动机诉求，当闲置赚钱的回收方式以损失框架信息呈现时，将刺激消费者关注不回收闲置物品可能产生的金钱损失。尽管不参与闲置物品回收会让个体失去一定收益，但是该损失并不会减少个体原有财富。这导致个体对保留闲置物品产生的损失感知并不敏感，损失框架无法有效唤起消费者的行为动机。当闲置赚钱以获得框架信息呈现时，将刺激消费者关注回收闲置物品获得的金钱收益。对已知能够获得的金钱奖励，个体具有奖励趋近和损失厌恶的偏好，这一偏好增强了信息框架效应对消费者的作用效果。聚焦于利他因素的闲置赠送不能给回收者自身带来即时的、有形的回报，得益框架信息无法被回收者有效感知；相反，损失框架信息可以给回收者传递一种紧迫感，推动其做出预期反应。

（3）回收方式通过刺激消费者的动机诉求进而改变了信息框架效应的作用效果。具体而言，闲置赠送的回收方式削弱了得益框架对独立自我消费者闲置物品回收参与意愿的作用效果。闲置赚钱的回收方式削弱了损失框架对相依自我消费者闲置物品回收参与意愿的作用效果。上述原因导致以下情形：对于独立自我的消费者，闲置赚钱方式下得益框架对其闲置物品回收参与意愿的影响更强；闲置赠送方式下得益框架与损失框架对其闲置物品回收参与意愿的影响不存在显著差异。对于相依自我的消费者，闲置赠送方式下他人获得收益以及损失框架强调的自己避免损失更能有效平衡自我与社会的矛盾，损失框架对其闲置物品回收参与意愿的影响更强；

闲置赚钱方式下得益框架与损失框架对其闲置物品回收参与意愿的影响不存在显著差异。

上述发现可以为实践中激励消费者参与闲置物品回收提供营销策略指导及建议。但是，随着循环经济理念被社会所接受和认同，以及企业、社会组织、消费者个体对闲置物品回收的广泛宣传，消费者对闲置物品回收的态度本身会发生改变。简而言之，消费者会越来越认为闲置物品回收是与每个人息息相关的事情，这种认知会直接影响其闲置物品回收参与意愿。那么在这一认知形成过程中，如何加快推动那些认为闲置物品回收同自身相关性较低的消费者积极参与闲置物品回收将是一个重点问题。第5章将对此进行深入挖掘。

第 5 章　信息框架对不同卷入度消费者参与意愿的作用机制

闲置物品回收是避免资源浪费、减少环境污染的重要方式；且企业和社会组织也不断尝试采用各种广告和传播策略来呼吁消费者参与闲置物品回收，但消费者并没有尽其所能对拥有的闲置物品进行回收。如前所述，不同于垃圾等废旧物品，闲置物品是一种特殊产品，它们即使很有价值（例如二手书），但仍然回收利润较低，甚至需要付出额外的精力、时间和经济成本。而实验三和实验四的研究结果均表明，相较于闲置赠送的回收方式，消费者更偏好闲置赚钱的回收方式。即使对于关注他人需要和期望的相依自我消费者，其对闲置物品回收的两种方式（闲置赠送和闲置赚钱）也没有表现出明显的偏好差异。这说明，总体而言，消费者希望在闲置物品回收过程中获得一定的经济收益。但闲置物品回收是一个长期的过程，企业和社会组织不可能总是为消费者的回收行为提供经济激励，这导致消费者难以长期保持对闲置物品回收的热情，尤其认为闲置物品回收同自身相关性较低的消费者，在没有经济激励的情况下，他们更难长期保持回收闲置物品的动力。那么，就有必要探究如何采用有效的信息沟通策略鼓励那些认为回收闲置物品对个人影响较小或相关性较低的消费者积极参与到回收活动中来。此外，与垃圾等废旧物品不同，很多闲置物品对消费者有特殊的象征意义（例如，过生日时祖父送的儿童手表），消费者与这些闲置物品之间存在情感联结。因此有必要从心理学产品依恋的角度探究如何让信息框架策略发挥更强的说服效果，以此破解实践中仅依赖信息框架和回收方式两种外部策略难以长期激励消费者参与闲置物品回收的难题，让消费者从心理上认可和接受闲置物品回收。

5.1 信息框架与卷入度对参与意愿交互效应的理论推演与假设提出

5.1.1 信息框架与卷入度的交互效应

学者们基于不同的研究情境对卷入度进行了定义。例如，产品卷入度是指消费者基于自身的动机、需求或兴趣感知到的产品对自己的重要性或相关性（Zaichkowsky，1985）。事物卷入度是指个体在多大程度上认为事件同自身相关（Petty and Cacioppo，1979）。感知相关性是决定个体卷入的条件，它是个体自我概念或过去经验的结果。借鉴前人的研究成果，本书将回收卷入度定义为：消费者认为闲置物品回收与自身的相关程度。许多研究已经证明了卷入度对消费者行为意向的影响。在环保领域，Markowitz等（2013）的研究发现，同情心消退仅发生在那些较少参与环保实践的个体中。Kim和Jin（2016）研究了卷入度和情绪在危机背景下的交互作用，他们发现，当遇到不同的危机时，那些更多参与环境问题的人比那些较少参与环境问题的人感到更强的愤怒和同情。Dhanesh和Nekmat（2018）发现，在企业社会责任沟通情景下，卷入度高的个体比卷入度低的个体感受到更强的积极影响，基于此，提出以下假设：

H6：相较于低回收卷入度消费者，高回收卷入度消费者的回收参与意愿更强。

Xue（2008）的研究发现，消费者卷入度在预测消费者态度过程中能够产生调节作用。由于卷入度能够通过影响消费者的信息处理模式进而影响广告的作用效果，因此吸引了学术界和业界的广泛关注（Tsiotsou，2013）。Grau和Folse（2007）的研究认为，信息框架对个体的说服效果取决于个体的卷入度，个体的卷入度高，得益框架与损失框架对其劝服效果不存在显著差异；个体的卷入度越低，相较于损失框架，得益框架对其说服作用越强。然而，Kim（2013）的研究发现，信息框架与卷入度交互影响信息的说服效果，个体的卷入度越高，损失框架的劝服效果越好。这是因为，个体对损失比对同等程度的获得更加敏感。基于此，Britwum 和 Yiannaka（2019）的研究发现，损失框架能激发消费者更强的支付意愿，且消费者卷入度增强了损失框架的作用效果。信息框架的说服效果受到消费者卷入度的影响已经被学者们证实，在闲置物品回收中，首先，相较于低卷入度消费者，高卷入度消费者本身乐于参与闲置物品回收；其次，学者的研究发现，广告信息对消费者的说服效果受到卷入度的影响，卷入度越低广告信息的说服效果越好（Grau and Folse，2007）；最后，根据 Kahneman 和 Tversky（1979）提出的损失厌恶理论，学者发现相较于强调采取特定行为能够产生的积极结果，消费者在面对不采取行为会产生消极结果的情境下更愿意采取特定行为（Gamliel and Herstein，2012）。基于此，提出以下假设：

H7：损失框架信息对低回收卷入度消费者闲置物品回收参与意愿的说服效果更强；得益框架与损失框架对高回收卷入度消费者闲置物品回收参与意愿的说服效果不存在显著差异。

5.1.2　感知影响的中介作用

大量实证研究证实了心理变量在解释个体亲社会或亲环境行为方面的关键作用。感知影响就是其中之一，感知影响也称为感知效能（Izagirre - Olaizola et al.，2015），是指个体感知自身行为能够产生的效果（Erlandsson et al.，2015）。学者们的研究一致表明，感知影响是驱动个体产生亲社会或亲环境行为的关键心理因素（Izagirre - Olaizola et al.，2015；Lee et al.，2019；Arias and Trujillo，2020）。个体感知自身行为产生的影响越强，越倾向于采取亲环境行为。环保领域的部分研究指出，信息沟通策略通过激发消费者的感知效能进而提升其回收参与意愿（Lee et al.，2019；Arias and Trujillo，2020）和绿色消费意愿（Sharma and Dayal，2017）。

为社会做出贡献是符合个体期望的，然而放弃自身资源是个体所不期望的（Erlandsson et al.，2015；Bullard and Penner，2017）。个体通过出售或赠送方式产生的闲置物品回收行为会对社会或他人的生活产生影响。在放弃自身资源与亲社会行为的选择中，感知影响起到了桥梁作用。也就是说，如果消费者认为他们的回收行为对他人或社会有很大影响，那么他们就更愿意参与闲置物品回收。

根据调节聚焦理论，消费者对回收的反应取决于其调节聚焦类型（Higgins，2002），且调节匹配效应的研究指出，信息框架与消费者调节聚焦类型的一致性能够提升信息的劝服效果（Cesario et al.，2004）。可持续营销领域的研究指出，产品的可持续属性满足了消费者对防御的关注，这使防御聚焦的信息增强了消费者对可持续产品的偏好度（Luch et al.，2010）。与促进聚焦相比，防御聚焦类型的闲置物品回收信息更能凸显回收的紧迫性，因为防御聚焦类型的信息更能够激发消费者对责任、痛苦和压力的感知（Liberman et al.，2005）。因此，我们认为，相较于得益框架信息，损失框架信息更能突出回收的紧迫性和必要性，消费者感知自身做出的贡献更大，这一感知促使他们认为自身对回收项目成功的影响更大。同时，Bullard 和 Penner（2017）的研究表明，慈善项目以损失框架表述能够获得更多的社会支持，感知影响在信息框架与消费者支持意愿之间的关系中起到了中介作用。基于此，提出以下假设：

H8：感知影响在信息框架对低回收卷入度消费者闲置物品回收参与意愿的影响中起到了中介作用。

5.1.3 产品依恋的调节作用

产品依恋是指消费者与特定物质对象之间的情感或心理纽带或联系（Brough and Isaac，2012；Simpson et al.，2019）。产品依恋对于产品处置的影响作用较为复杂。购后行为领域的研究指出，由于产品对所有者具有特殊或象征意义，这导致消费者与产品之间的高度联结会引发其对产品的特殊保护行为（Mugge et al.，2010）。例如，Trudel 等（2016b）的研究发现，消费者自我身份与产品的强联结导致消费者更愿意回收而不是丢弃特定产品。与人与人之间的依恋不会因为分离而消失一样，消费者对产品依恋也不会因为对产品做出了处置决策而消失（Brough and Isaac，2012）。一些闲置物品（例如，儿童时期的礼物或者收藏品）是在重要的人生事件中收到或购买，他们与消费者之间形成了较强的心理或情感联结。Phillips 和 Sego（2011）指出，消费者和产品之间的心理或情感联结与消费者自我身份紧密相关。鉴于此，我们认为，当决定如何处置闲置物品时，产品依恋程度的不同会引发消费者差异化的回收参与意愿。具体而言，丢弃有意义的闲置物品会引发消费者心理上的“疼痛”，因此消费者更愿意回收而不是直接丢弃这些产品。产品依恋能够增强损失框架对低回收卷入度消费者闲置物品回收参与意愿的说法效果。基于此，提出以下假设：

H9：信息框架与回收卷入度对闲置物品回收参与意愿的交互效应会受到产品依恋的调节作用。

H9a：与低产品依恋相比，在高产品依恋情境下，损失框架信息对低回收卷入度消费者闲置物品回收参与意愿的说服效果更强。

H9b：无论是低产品依恋还是高产品依恋情境，得益框架与损失框架信息对高回收卷入度消费者闲置物品回收参与意愿的说服效果不存在显著差异。

基于上述假设，构建如图 5.1 所示的概念模型。

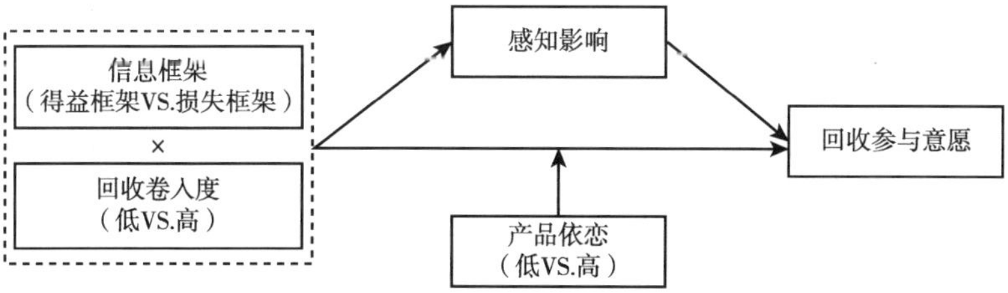

图 5.1　信息框架与回收卷度交互作用的概念模型

5.2　检验信息框架与卷入度对参与意愿的交互效应

本书采用实验研究法对提出的假设进行检验，在具体的研究设计中采用被试间设计。在被试的选择上，本书选取大学生为被试，具体原因如下：（1）大学生群体符合那些更愿意参与环保活动（例如回收）的人口统计数据（Lee et al.，2019；Kumar，2019），且环保领域的相关研究已经证实了大学生在亲社会活动中发挥的关键作用（Schwab et al.，2014；Lee et al.，2019）。（2）在中国，相较于其他群体，大学生群体对闲置物品回收更加熟悉。为了保证被试的实际经历同实验情境相匹配，本书选取中国东北某所大学的学生为被试。实验五用于检验假设 H6 和假设 H7。相较于低回收卷入度消费者，高回收卷入度消费者参与闲置物品回收的意愿更强；且损失框架能够提升低回收卷入度消费者的闲置物品回收参与意愿，但是对于高卷入消费者，损失框架与得益框架对其回收参与意愿的作用效果不存在显著差异。

5.2.1 实验设计与过程

实验五采用 2（回收卷入度：高 VS. 低）×2（信息框架：得益 VS. 损失）的组间实验设计，共邀请 138 名本科生参与（其中，男性 61 名，平均年龄 23.17 岁）。被试被随机分配到得益框架或损失框架情境下，回收卷入度的高低通过问卷测试后进行区分。同实验一相似，得益框架强调参与闲置物品回收产生的积极结果；损失框架强调不参与闲置物品回收产生的消极结果。参照已有研究成果，阅读完情景材料后，被试完成相关测试题项。同实验一相似，参照 White 等（2011）以及 Baek 和 Yoon（2017）的研究成果，运用三个题项测量被试感知的信息框架类型；参照 White 等（2011）以及 Kidwell 等（2013）的研究成果，采用“我想要参与闲置物品回收”等三个题项测量被试的回收参与意愿。同时，参照 Grau 和 Folse（2007）以及 Johar（1995）的研究成果，运用“闲置物品回收对我而言非常重要”等五个题项测试被试的闲置物品回收卷入度。所有题项均采用李克特 7 级量表进行测量。此外，邀请被试填写年龄和性别两人口统计学变量，并运用一个开放性题项检验被试对实验目的的感知。结果表明，不同情境下年龄和性别不存在显著差异，且被试没有猜出实验的真实目的。

5.2.2 数据分析与结果

（1）数据检验与情境操控检验。

为保证研究结果的准确性，在对假设进行验证之前，需要对所搜集到数据的质量进行检验。

首先，运用 Harman 单因素法检验共同方法偏差。因子分析结果显示，未旋转时第1个因子解释了总方差的35.688%（小于40%），说明数据不存在严重的共同方法偏差。

其次，对问卷测试题项进行信效度分析。因子分析共析出3个因子，所有因子的 Cronbach's α 值均大于0.800，CR 值大于0.700，说明量表的信度良好。本实验运用探索性因子分析与验证性因子分析对搜集的数据进行效度检验。探索性因子分析检验的结果表明，整个测量量表的 KMO 值为0.769，高于临界值0.7（Akter et al.，2013；Wang et al.，2016；Fernández－Portero et al.，2017），且巴特利特球形检验的 p 值为0.000。适合做因子分析，因子分析共析出三个因子，各个因子测试题项的因子载荷均大于0.700（见表5.1）。同时，验证性因子分析结果表明，模型的适配度良好（$\chi^2/df=1.364$，CFI＝0.982，GFI＝0.935，RMSEA＝0.052，TLI＝0.975，IFI＝0.982），所有指标均在可接受范围内（Hair et al.，2010；Sun and Wang，2020）。此外，各个变量的 AVE 值均大于0.5，CR 值大于0.7，MSV 值和 ASV 值均小于 AVE 值，AVE 值的平方根大于变量的相关系数。上述结果表明，测量量表具有良好的信度和效度。

表5.1 测量量表的信度与效度检验

变量	题项	因子载荷	CR	AVE	MSV	ASV
信息框架（α＝0.842）	MF1	0.754	0.883	0.716	0.011	0.006
	MF2	0.884				
	MF3	0.893				

续表

变量	题项	因子载荷	CR	AVE	MSV	ASV
卷入度 （α=0.859）	I1	0.720	0.863	0.557	0.132	0.066
	I2	0.717				
	I3	0.780				
	I4	0.739				
	I5	0.773				
回收参与意愿 （α=0.898）	RI1	0.936	0.899	0.750	0.132	0.072
	RI2	0.813				
	RI3	0.844				

最后，本书运用独立样本 T 检验的方法检验被试对信息聚焦类型的感知。结果表明，相较于损失框架，在得益框架下，被试认为信息聚焦于解释参与回收带来的积极结果（$M_{得益}=5.43$，$M_{损失}=2.68$，$t(136)=32.41$，$p=0.000$）。本实验中信息框架操控成功。

（2）假设检验。

首先，我们将回收卷入度分为高（$M_{高}=5.4$）和低（$M_{低}=5.47$）两类。其次，运用独立样本 t 检验的方法检验假设 H6。结果表明，相较于低回收卷入度消费者（$M_{低}=4.62$），高回收卷入度消费者（$M_{高}=5.12$）的回收参与意愿更强（$t(136)=3.505$，$p=0.001$）。假设 H6 得到数据支持。最后，运用双因素方差分析的方法检验信息框架同消费者回收卷入度的交互效应。结果如表 5.2 所示，消费者回收卷入度的主效应显著，$F(1, 134)=11.9$，$p=0.001$，$\eta^2=0.082$，信息框架的主效应不显著（$F<1$，$p>0.1$）。但是，信息框架同消费者回收卷入度的交互效应显著，$F(1, 134)=5.67$，$p=0.019$，$\eta^2=0.041$。进一步的简单效应检验结果如表 5.3 所示，对低回收卷入度消费者，相较于得益框架，损失框架对其回收参与意愿的作用效果更强（$M_{损失}=4.82$，$M_{得益}=4.43$，$F(1, 135)=4.49$，$p=0.036$，$\eta^2=0.032$）。然而，对于高回收卷入度消费者，得益框架与损失框架对其回收参与意愿的影响不存在显著差异（$M_{损失}=4.98$，$M_{得益}=5.25$，$F(1, 135)=1.98$，$p>0.1$，$\eta^2=0.014$）。数据检验结果支持假设 H7。

表 5.2　信息框架同消费者回收卷入度交互效应的检验结果

变量	F	p	η^2
卷入度	11.93	0.001	0.082
信息框架	0.20	0.657	0.001
信息框架 × 卷入度	5.67	0.019	0.041

表 5.3　信息框架同消费者回收卷入度的简单效应检验结果

卷入度	信息框架	N	Mean	F	p	η^2
高卷入度	得益框架	32	5.25	1.98	0.162	0.014
	损失框架	28	4.98			
	总和	60	5.12	—	—	—
低卷入度	得益框架	40	4.43	4.49	0.036	0.032
	损失框架	38	4.82			
	总和	78	4.62	—	—	—

5.2.3　结果讨论

实验五的研究结果表明，高回收卷入度的消费者更愿意参与闲置物品回收。这说明，消费者感知闲置物品回收同自身的相关性越大，越愿意投入时间和精力去参与闲置物品回收。值得注意的是，闲置物品回收信息传播扩散策略中的损失框架策略在激发低回收卷入度消费者参与闲置物品回收方面发挥了关键作用。在具有的营销管理实践中，为了鼓励低卷入消费者积极参与回收，企业或社会组织的信息传播策略应该聚焦于回收行为避免的损失或消极结果而不是强调闲置物品回收行为产生的收益或积极结果。实验五证实了损失框架在唤起低回收卷入度消费者闲置物品回收参与意愿方面的关键作用，但是损失框架发挥作用的心理机制是什么尚需进一步挖掘，研究六将对此进行深入分析。

5.3 检验感知影响的中介作用

实验五的研究结果表明，相较于低回收卷入度消费者，高回收卷入度消费者更愿意参与闲置物品回收，且他们的回收参与意愿不会受到信息框架策略的影响。但是对于低卷入消费者，聚焦于损失或消极结果的损失框架更能激发其闲置物品回收参与意愿。实验六将进一步探究促使损失框架策略作用于低回收卷入度消费者回收参与意愿的过程机制。即验证假设H8，感知影响在损失框架作用过程中产生了中介作用。除此之外，根据White等（2011）的研究成果，当信息框架同消费者的思维方式相匹配时，消费者感知到更强的自我效能，更愿意参与回收。因此，实验六将检验自我效能感是否在损失框架作用过程中起到了中介作用。

5.3.1 实验设计与过程

实验六采用2（回收卷入度：高 VS. 低）×2（信息框架：得益 VS. 损失）的组间实验设计，共邀请124位本科生（男性58人，$M_{年龄}=22.23$）参与，所有被试被随机分配到回收卷入度高得益框架、回收卷入度高损失框架、回收卷入度低得益框架以及回收卷入度低损失框架四个情境中。回收卷入度情境的操控参照Grau和Folse（2007）的研究成果，高回收卷入情境中强调回收的闲置儿童读物将捐赠给当地贫困地区的适龄儿童；低回收卷入度情境强调回收的闲置儿童读物将捐赠给世界上贫困地区和国家的适龄儿童。因为被试的户籍均属于本地，因此“捐赠给当地贫困地区的适龄儿童”这一情境下的闲置物品回收同自身的相关性更强，回收卷入度更高。信息框架和回收卷入度的操控情境分别印在卡片的两面。阅读完卡片信息以后，被试填写回收卷入度以及信息框架测量题项。之后参照Erlandsson等（2015）以及Lee等（2019）的研究成果，运用“我相信该行为能产生积极结果”等三个题项测试被试的感知影响；参照White等（2011）

和 Lee 等（2019）的研究成果，运用“我认为自己能解决参与闲置物品回收过程中遇到的问题”等三个题项测试被试的自我效能感。所有测试题项均采用李克特 7 级量表进行测量。回收参与意愿、年龄、性别、实验目的感知测试题项同实验五相同。分析结果表明，不同情境中年龄、性别的差异不显著，被试没有猜出实验的真实目的。

5.3.2　数据分析与结果

（1）信效度分析和操控检验。

为保证研究结果的准确性，在验证假设 H8 之前，对所搜集到数据的质量进行检验。首先，运用 Harman 单因素法检验共同方法偏差。因子分析结果显示，未旋转时第 1 个因子解释了总方差的 24.775%（小于 40%），说明数据不存在严重的共同方法偏差。其次，对问卷测试题项进行信效度分析。如表 5.4 所示，因子分析共析出 4 个因子，所有因子的 Cronbach's α 值均大于 0.800，CR 值大于 0.700，说明量表的信度良好。探索性因子分析检验的结果表明，整个测量量表的 KMO 值为 0.769，高于临界值 0.7（Akter et al.，2013；Wang et al.，2016；Fernández – Portero et al.，2017），且巴特利特球形检验的 p 值为 0.000。适合做因子分析，因子分析共析出 4 个因子，各个因子测试题项的因子载荷均大于 0.700（见表 5.4）。同时，验证性因子分析结果表明，模型的适配度良好（$\chi^2/df = 1.329$，CFI = 0.972，GFI = 0.915，RMSEA = 0.052，TLI = 0.961，IFI = 0.973），所有指标均在可接受范围内（Hair et al.，2010；Sun and Wang，2020）。此外，各个变量的 AVE 值均大于 0.5，CR 值大于 0.7，MSV 值和 ASV 值均小于 AVE 值，AVE 值的平方根大于变量的相关系数。上述结果表明，测量量表具有良好的信度和效度。

表 5.4　　信效度检验

变量	测量题项	因子载荷	CR	AVE	MSV	ASV
回收卷入度（α = 0.781）	I1	0.779	0.880	0.596	0.042	0.025
	I2	0.740				

续表

变量	测量题项	因子载荷	CR	AVE	MSV	ASV
回收卷入度（α=0.781）	I3	0.803	0.880	0.596	0.042	0.025
	I4	0.781				
	I5	0.754				
感知影响（α=0.916）	PI1	0.923	0.877	0.786	0.177	0.062
	PI2	0.877				
	PI3	0.859				
自我效能感（α=0.833）	S1	0.885	0.869	0.690	0.042	0.021
	S2	0.774				
	S3	0.722				
回收参与意愿（α=0.817）	RI1	0.753	0.819	0.604	0.177	0.074
	RI2	0.701				
	RI3	0.868				

本书采用独立样本 t 检验的方法对回收卷入度和信息框架进行操控检验。结果表明，相较于低回收卷入度情境，高回收卷入度情境下被试感知回收同自身的相关性更强（$M_{高}=4.83$，$M_{低}=4.53$，$t(122)=2.78$，$p=0.006$）。同时，被试感知得益框架组强调了参与闲置物品回收的收益和积极结果（$M_{得益}=5.40$，$M_{损失}=3.85$，$t(122)=7.63$，$p=0.000$）；被试感知损失框架组被试聚焦于闲置物品回收避免的损失和消极结果（$M_{得益}=3.76$，$M_{损失}=5.15$，$t(122)=-6.71$，$p=0.000$）。上述结果表明，回收卷入度和信息框架操控成功。

（2）假设检验。

首先，采用双因素方差分析对回收卷入度、信息框架以及两者的交互项对回收参与意愿的影响进行了检验。如表 5.5 和表 5.6 所示，检验结果表明，回收卷入度的主效应显著，回收卷入度越高，回收参与意愿越强（$M_{高}=5.44$，$M_{低}=5.02$，$F(1, 120)=13.29$，$p=0.000$，$\eta^2=0.100$）；信息框架的主效应不显著，$F(1, 120)=1.10$，$p>0.1$，$\eta^2=0.009$，信息框架与回收卷入度的交互效应显著，$F(1, 120)=5.46$，$p=0.021$，$\eta^2=0.044$。进一步的简单效应检验结果发现，在高回收卷入度情境下，得益框架与损失框架对回收参与意愿的影响不存在显著差异（$M_{得益}=5.52$，$M_{损失}=5.37$，$F<1$，$p>0.1$）；在低回收卷入度情境下，相较于得益框架，损失框架激发了更强的回收参与意愿（$M_{得益}=4.82$，$M_{损失}=5.21$，$F(1, 121)=5.46$，$p=0.021$，$\eta^2=0.043$）。上述检验结果重复验证了假设 H6 和 H7。

其次，采用双因素方差分析对回收卷入度、信息框架以及两者的交互项对感知影响的影响进行了检验。如表 5.5 和表 5.6 所示，检验结果表明，信息框架的主效应不显著，$F(1, 120)=1.43$，$p>0.1$，$\eta^2=0.012$；回收卷入度的主效应显著，回收卷入度越高，感知影响越强（$M_{高}=4.82$，$M_{低}=4.29$，$F(1, 120)=18.52$，$p=0.000$，$\eta^2=0.134$）。信息框架与回收卷入度的交互效应显著，$F(1, 120)=14.92$，$p=0.000$，$\eta^2=0.111$。进一步的简单效应检验结果表明，在高回收卷入度情境下，得益框架与损失框架对感知影响的作用效果不存在显著差异（$M_{得益}=4.98$，$M_{损失}=4.66$，$F(1, 121)=3.22$，$p>0.05$，$\eta^2=0.026$）；在低卷入情境下，损失框架对感知影响的作用效果更强（$M_{得益}=3.99$，$M_{损失}=4.60$，$F(1, 121)=11.67$，$p=0.001$，$\eta^2=0.088$）。

表 5.5　卷入度和信息框架对回收参与意愿和感知影响的交互效应检验结果

项目	回收参与意愿			感知影响		
	F	p	η^2	F	p	η^2
卷入度	13.29	0.000	0.100	18.52	0.000	0.134
信息框架	1.10	0.297	0.009	1.43	0.234	0.012
卷入度×信息框架	5.46	0.021	0.044	14.92	0.000	0.111

表 5.6　卷入度和信息框架对回收参与意愿和感知影响的简单效应检验结果

项目		回收参与意愿					感知影响			
卷入度	信息框架	N	Mean	F	p	η^2	Mean	F	p	η^2
高卷入度	得益框架	31	5.52	0.81	0.369	0.007	4.98	3.22	0.075	0.026
	损失框架	30	5.37				4.66			
	总和	61	5.44	—	—	—	4.82	—	—	—

续表

项目		回收参与意愿					感知影响			
卷入度	信息框架	N	Mean	F	p	η^2	Mean	F	p	η^2
低卷入度	得益框架	32	4.82	5.46	0.021	0.043	3.99	11.67	0.001	0.088
	损失框架	31	5.21				4.60			
	总和	63	5.02	—	—	—	4.29	—	—	—

最后，以信息框架为自变量，回收卷入度为调节变量，感知影响为中介变量，回收参与意愿为因变量。参照 Zhao 等（2010）、Park 和 Jang（2020）的研究成果，利用 Zhao 等（2010）提出的中介效应检验方法，利用 Hayes（2013）提出的有中介的调节模型 8 对感知影响的作用进行了 Bootstrap 中介效应检验，样本量选择 5000，置信区间选择 95%。检验结果表明，信息框架同回收卷入度对感知影响的交互作用显著（β = 0.9355，95% 的置信区间 [LLCI = 0.4560，ULCI = 1.4150] 不包含 0），且感知影响进一步影响回收参与意愿（β = 0.1988，95% 的置信区间 [LLCI = 0.0289，ULCI = 0.3687] 不包含 0）。同时，信息框架同回收卷入度通过感知影响间接作用于回收参与意愿的效果显著（β = 0.1860，95% 的置信区间 [LLCI = 0.0135，ULCI = 0.4596] 不包含 0）。进一步的分析显示，在低回收卷入度情境下，感知影响的中介效应显著（β = 0.1218，95% 的置信区间 [LLCI = 0.0093，ULCI = 0.3039] 不包含 0）；在高回收卷入度情境下，感知影响的中介效应不显著（β = −0.0642，95% 的置信区间 [LLCI = −0.2165，ULCI = 0.0015] 包含 0）。控制了感知影响以后，两种信息框架对低回收卷入度消费者（β = 0.2704，95% 的置信区间 [LLCI = −0.0625，ULCI = 0.6033] 包含 0）和高回收卷入度消费者（β = −0.0853，95% 的置信区间 [LLCI = −0.4113，ULCI = 0.2407] 包含 0）回收参与意愿的直接影响均不存在显著影响（见图 5.2）。这说明，感知影响在信息框架对低卷入消费者闲置物品回收参与意愿作用过程中起到了中介作用。上述分析结果验证了假设 H8。

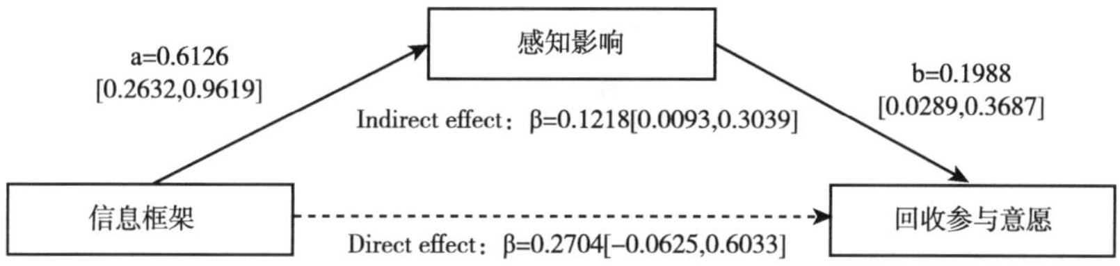

图 5.2　感知影响在低回收卷入度下的中介作用

此外，本书应用双因素方差分析对信息框架与回收卷入度以及两者的交互项目对自我效能感的作用效果进行了检验。结果表明，信息框架与回收卷入度对自我效能感的交互影响不显著（$F<1$，$p>0.1$）。这说明自我效能感没有在信息框架作用于不同类型回收卷入度消费者的过程中起到中介作用。

5.3.3　结果讨论

实验五的研究结果表明，回收卷入度越高消费者的闲置物品回收参与意愿越强。为了增强低回收卷入度消费者的回收参与意愿，可以通过采用损失框架的信息沟通策略。在重复验证实验五结果的基础上，实验六进一步发现，感知影响在损失框架作用于低回收卷入度消费者回收参与意愿的过程中起到了中介作用。简而言之，对于低回收卷入度消费者，采用损失框架的信息沟通策略能激发其感知自身回收行为产生的影响更强这一主观感受，进而提升其回收参与意愿。为了识别自我效能感是否在信息框架作用过程中起到了中介作用，实验六对自我效能感可能起到的中介作用进行了检验。结果表明，自我效能感不是信息框架作用于不同回收卷入度消费者回收参与意愿过程中可能的中介解释。此外，如前所述，闲置物品不同于垃圾等废品，闲置物品可能与消费者存在情感联结（即产品依恋），这种情感联结可能会影响其回收参与意愿。实验七将对此进行深入探究。

5.4 检验产品依恋的调节作用

实验七的目的在于检验产品依恋在信息框架与回收卷入度影响消费者闲置物品回收参与意愿过程中起到的调节作用。我们认为产品依恋越强，低回收卷入度消费者参与闲置物品回收的意愿越强。具体而言，受到闲置物品象征意义的影响，消费者同闲置物品之间的依恋关系越强，信息框架的作用效果越弱。即对于低回收卷入度消费者，如果消费者对闲置物品存在的依恋程度较高，那么无论得益框架与损失框架对消费者闲置物品回收参与意愿的影响不存在显著差异；反之，损失框架对消费者闲置物品回收参与意愿的影响更强。对于高回收卷入度者，不存在上述差异。

5.4.1 实验设计与过程

实验七采用2（回收卷入度：高 VS. 低）×2（信息框架：得益 VS. 损失）×2（产品依恋：高 VS. 低）的组间实验设计，共邀请261名本科生（男性125人，$M_{年龄}=21.60$）参与。情境材料印制在卡片的两面，正面是产品依恋和回收卷入度相关材料，反面是信息框架相关材料。参照 Brough 和 Isaac（2012）的研究成果，我们通过表面上无关的任务情境对产品依恋进行操控。在强产品依恋情境下，被试想象自己有一本儿童读物《西游记》，是小时候亲爱的祖父送给自己的珍贵生日礼物，现在这本书已经在书柜里闲置好多年了。在低产品依恋情境下，被试想象自己有一本儿童读物《西游记》，是小时候一个不太熟悉的亲戚送给自己的，现在这本书已经在书柜里闲置好多年了。回收卷入度和信息框架的操控与实验六相同。阅读完情境材料后，被试评价该本儿童读物与自己的依恋关系（1=非常低的依恋关系，7=非常高的依恋关系）（Kogut and Kogut，2011）。回收卷入度、信息框架、回收参与意愿测试题项与实验六相同。此外，被试填写自己的性别和年龄两个人口统计学题项，同时写出自己对实验目的的感知。

结果表明，在不同的情境中，性别和年龄不存在显著差异，被试均没有猜出实验的真实目的。

5.4.2　实验设计与过程

（1）信效度分析和操控检验。

为保证研究结果的准确性，在验证假设 H9 之前，对所搜集到数据的质量进行检验。首先，运用 Harman 单因素法检验共同方法偏差。因子分析结果显示，未旋转时第 1 个因子解释了总方差的 35.016%（小于 40%），说明数据不存在严重的共同方法偏差。其次，对问卷测试题项进行信效度分析。如表 5.7 所示，因子分析共析出 2 个因子，且 2 个因子的 Cronbach's α 值均大于 0.800，CR 值大于 0.700，说明量表的信度良好。探索性因子分析检验的结果表明，整个测量量表的 KMO 值为 0.780，高于临界值 0.7（Akter et al.，2013；Wang et al.，2016；Fernández – Portero et al.，2017），且巴特利特球形检验的 p 值为 0.000。适合做因子分析，因子分析共析出 2 个因子，各个因子测试题项的因子载荷均大于 0.700（见表 5.7）。同时，验证性因子分析结果表明，变量之间的关系允许自由估计，模型的自由度为 0，即模型为饱和模型。指标显示，双因素模型数据拟合良好（$\chi^2=0$，df = 0，CFI = 1，GFI = 1，RMSEA = 0，TLI = 1，IFI = 1），所有指标均达到适配水平（Hair et al.，2010；Sun and Wang，2020）。此外，两个变量的 AVE 值均大于 0.5，CR 值大于 0.7，MSV 值和 ASV 值均小于 AVE 值，AVE 值的平方根大于变量的相关系数。上述结果表明，测量量表具有良好的信度和效度。

表 5.7　信效度检验

变量	测试题项	因子载荷	CR	AVE	MSV	ASV
回收卷入度（α = 0.820）	I1	0.734	0.878	0.591	0.017	0.017
	I2	0.789				
	I3	0.764				

续表

变量	测试题项	因子载荷	CR	AVE	MSV	ASV
回收卷入度（α =0.820）	I4	0.793	0.878	0.591	0.017	0.017
	I5	0.763				
回收参与意愿（α =0.869）	RI1	0.811	0.871	0.694	0.017	0.017
	RI2	0.904				
	RI3	0.779				

实验七运用独立样本 t 检验对产品依恋、回收卷入度和信息框架进行操控检验。结果表明，在高产品依恋情境下，被试感知自身与产品之间的依恋关系更强（$M_{强}=4.91$，$M_{弱}=3.48$，$t(259)=-9.57$，$p=0.000$）。相较于低卷入情境，在高回收卷入度情境下，被试认为自身与闲置物品回收的相关性更强（$M_{高}=4.91$，$M_{低}=3.99$，$t(259)=-10.56$，$p=0.000$）。此外，在得益框架下，被试认为信息强调的是参与闲置物品回收产生的收益和积极结果（$M_{得益}=4.76$，$M_{损失}=2.52$，$t(259)=16.77$，$p=0.000$）；在损失框架下，被试认为信息聚焦于参与闲置物品回收避免的损失或消极结果（$M_{得益}=2.72$，$M_{损失}=4.79$，$t(259)=-15.88$，$p=0.000$）。上述结果表明，产品依恋、回收卷入度和信息框架操控成功。

（2）假设检验。

本实验采用多因素方差分析检验提出的研究假设，研究结果如表 5.8 和表 5.9 所示。

首先，回收卷入度的主效应显著（$M_{低}=4.90$，$M_{高}=5.08$，$F(1, 253)=4.06$，$p=0.045$，$\eta^2=0.016$），产品依恋的主效应显著（$M_{强}=5.12$，$M_{弱}=4.86$，$F(1, 253)=7.88$，$p=0.005$，$\eta^2=0.030$），信息框架的主效应不显著（$F(1, 253)=1.97$，$p>0.1$，$\eta^2=0.008$）。此外，信息框架和回收卷入度的交互效应显著（$F(1, 253)=6.88$，$p=0.009$，$\eta^2=0.026$）。在低回收卷入度情境下，相较于得益框架，损失框架信息对回收参与意愿的作用效果更强（$M_{损失}=5.08$，$M_{得益}=4.71$，$F(1, 258)=7.47$，$p=0.007$，$\eta^2=0.028$）；在高回收卷入度情境下，得益框架与损失框架对回收参与意愿的影响不存在显著差异（$M_{得益}=5.14$，$M_{损失}=5.03$，$F<1$，$p>0.1$）。

其次，产品依恋与信息框架的交互效应显著（$F(1, 253) = 4.47$，$p = 0.035$，$\eta^2 = 0.017$）。在低产品依恋情境下，相较于得益框架，损失框架对回收参与意愿的作用效果更强（$M_{损失} = 5.02$，$M_{得益} = 4.69$，$F(1, 258) = 5.56$，$p = 0.019$，$\eta^2 = 0.021$）；但是在高产品依恋情境下，得益框架与损失框架对回收参与意愿的影响不存在显著差异（$M_{得益} = 5.15$，$M_{损失} = 5.09$，$F < 1$，$p > 0.1$）。此外，回收卷入度与产品依恋的交互效应不显著（$F < 1$，$p > 0.1$）。在回收卷入度低但产品依恋程度强的情境下，相较于得益框架，损失框架对回收参与意愿的作用效果更明显（$M_{损失} = 5.19$，$M_{得益} = 4.82$，$F(1, 256) = 3.93$，$p = 0.048$，$\eta^2 = 0.013$）；在回收卷入度低且产品依恋程度低的情境下，相较于得益框架，损失框架对回收参与意愿的作用效果存在边缘显著（$M_{得益} = 4.59$，$M_{损失} = 4.97$，$F(1, 256) = 3.74$，$p = 0.054$，$\eta^2 = 0.014$）。通过这一分析结果发现，总体而言，损失框架更容易激发低回收卷入度消费者的回收参与意愿。在回收卷入度高且产品依恋程度高的情境下，相较于损失框架，得益框架对回收参与意愿的作用效果更明显（$M_{得益} = 5.49$，$M_{损失} = 4.98$，$F(1, 256) = 7.43$，$p = 0.007$，$\eta^2 = 0.028$）；在回收卷入度高但产品依恋程度低的情境下，得益框架与损失框架对回收参与意愿的作用效果不存在显著差异（$M_{得益} = 4.79$，$M_{损失} = 5.07$，$F(1, 256) = 2.13$，$p > 0.1$，$\eta^2 = 0.008$）。假设H9a得到数据支持，H9b没有得到支持。

表5.8　回收卷入度、信息框架、产品依恋三者对回收参与意愿的交互效应检验结果

项目	F	p	η^2
回收卷入度	4.06	0.045	0.016
信息框架	1.97	0.162	0.008
产品依恋	7.88	0.005	0.030
回收卷入度×信息框架	6.88	0.009	0.026
回收卷入度×产品依恋	0.17	0.678	0.001
信息框架×产品依恋	4.47	0.035	0.017
回收卷入度×信息框架×回收卷入度	4.40	0.037	0.017

表 5.9　回收卷入度、信息框架、产品依恋三者对回收参与意愿的简单简单效应检验结果

回收卷入度	产品依恋	信息框架	N	Mean	F	p	η^2
高回收卷入度	强	得益框架	33	5.49	7.43	0.007	0.028
		损失框架	31	4.98			
	弱	得益框架	32	4.79	2.13	0.145	0.008
		损失框架	33	5.07			
低回收卷入度	强	得益框架	33	4.82	3.93	0.048	0.013
		损失框架	33	5.19			
	弱	得益框架	32	4.59	3.74	0.054	0.014
		损失框架	34	4.97			

5.4.3　结果讨论

实验七揭示了信息框架作用于消费者闲置物品回收参与意愿过程中产品依恋的调节作用。结果表明，消费者对闲置物品的依恋程度越高且对闲置物品回收的回收卷入度也越高，与损失框架相比，得益框架信息的说服效果更好。消费者对闲置物品的依恋程度越低且对闲置物品回收的卷入度也越低，与得益框架相比，损失框架信息的说服效果更好。这说明，产品依恋在呼吁消费者参与闲置物品过程中的作用不可忽视，它可以决定哪种信息策略对不同类型回收卷入度消费者回收参与意愿的说服效果更好。

基于普遍意义上消费者对自我、他人或社会关注程度的不同，以及针对闲置物品这一特殊情境中消费者卷入度的不同，实验一到实验七深度探究了信息传播与沟通策略中的信息框架策略如何激发消费者的闲置物品回收参与意愿。但是消费者愿意参与闲置物品回收并不代表认同绿色消费或低碳消费，形成了低碳观念。需要进一步分析，消费者的闲置物品回收是否能撬动其他的亲社会或亲环境行为，也就是说，消费者能否通过闲置物品回收形成“低碳减碳”的生活方式，如何采用有效的信息反馈策略让闲置物品回收与其他亲社会或亲环境行为融为一体。在后续的研究中我们将基于溢出效应理论对此进行深入研究。

第6章　闲置物品回收的溢出效应

在研究消费者回收行为产生的后置结果过程中，学者已经证实了消费者的回收行为意愿或行为能够影响其节能灯购买意愿、节约用水行为（Kidwell et al.，2013）、节约用电行为（徐林和凌卯亮，2017），以及绿色基金支持意愿（Truelove et al.，2016）、环保政策支持度（Stavins，2008），绿色消费行为能够影响消费者回收行为、公共交通使用意愿、节水节电行为（Lanzini and Thogersen，2014）等。

根据溢出效应的定义，个体的某种特定行为对其他相似或相关的非目标行为具有增强或抑制作用，那么该种行为就产生了溢出效应（Truelove et al.，2014）。Kaiser等（2003）以及Davis等（2009）的研究指出，生态行为包含节约能源、避免浪费、绿色消费、回收、绿色出行以及其他与环保相关的亲社会行为六类。本书研究的闲置物品回收属于生态行为的一种，该种行为可能对其他与环保相关的生态行为产生溢出效应。二手产品购买、志愿活动、慈善捐赠、献血这些非环保行为与闲置物品回收行为同属于亲社会行为，学者认为这些行为在消费者心理认知中具有相似性或关联性（Kidwell et al.，2013；Lanzini and Thogersen，2014），消费者的闲置物品回收行为可能对这些非环保相关的亲社会行为也能产生溢出效应。鉴于消费者闲置物品回收行为产生的溢出效应有待探索和证实，本章基于溢出效应的产生机制，研究消费者闲置物品回收行为产生的溢出效应以及对环保类与非环保类亲社会行为产生溢出效应的差异。

6.1　溢出效应理论推演与假设提出

根据可接近性—可诊断性理论，绿色消费等亲社会行为与闲置物品回收在消费者心理认知中具有相似性或关联性，能够较强地满足可接近性和可诊断性的要求，消费者的闲置物品回收行为可能对这些行为产生正向溢出效应。同时，基于行为一致性理论，人们具有保持一致性愿望（在他人看来也是一致的）的动机。个体在某一特定领域内采取有利于环境的行为不仅可能改变其对该行为的态度，而且还可能激发个体的整体心理倾向，进而影响到其在其他领域未来可能实施的行为（王海忠等，2015）。亲社会行为溢出效应研究中出现的登门槛效应（Foot - in - the - door effect）就是行为一致性的一个具体表现，也就是说，诱发个体产生一个微小的行为之后，个体在后续的活动中可能践行更多的亲社会行为。Evans 等（2013）的研究表明，仅仅让被试在实验前想象一种亲环境行为就能够提升其回收意愿。在研究消费者垃圾回收行为过程中，Kidwell 等（2013）发现，消费者的垃圾回收行为会影响与垃圾回收无关的行为，如环保产品购买意愿。Cornelissen 等（2008）的研究表明，通过暗示常见的环保行为能够促进个体的可持续消费行为。此外，根据社会认同理论，个体最初的行为形成了其作为特定类型人的自我认知，这种自我认知会引导个体按照该种类型人的行为方式行事（Freedman and Fraser，1966）。提示人们过去的环保行为，如节约用水、节约能源、参与环保消费等，可以加强他们的环境自我认同，这种强烈的环境自我认同能够增加其未来践行环保行为的可能性（Van der Werff et al.，2014）。综上所述，笔者推测消费者在践行了闲置物品回收行为以后，一方面，因行为间的相似性，初始的闲置物品回收行为促使消费者形成了亲社会认同，在后续的活动中表现出更多的亲社会行为；另一方面，为了避免认知失调和认知失调引发的紧张感，消费者会形成亲社会行为态度，进而促使其在后续的行为中践行更多的亲社会行为。基于此，提出以下假设：

H10a：消费者的闲置物品回收行为会对其绿色消费意愿、二手产品购买意愿、亲社会意愿、节约行为、垃圾分类回收意愿产生正向溢出效应。

可接近性—可诊断性模型、社会认同理论和行为一致性理论为消费者的闲置物品回收行为对相似或相关行为产生正向溢出效应提供了潜在解释。但“道德许可效应”的研究指出，当个体感知自身的道德形象高于理想道德形象时，其可能降低道德行为发生的频率（李谷等，2013；Khan and Dhar，2006）。换言之，个体之前的亲社会或道德行为会让其感知“有权”以反社会或不道德的方式行事（Merritt et al.，2010）。

Sachdeva 等（2009）认为，道德或不道德行为的产生是个体对道德自我价值和利他行为固有成本内在平衡的结果。他们的研究发现，启动被试的正面道德特质降低了被试的捐款数目和合作行为。部分基于道德许可效应的研究发现了回收产生负向溢出效应的证据。Truelove 等（2016）的研究发现，消费者的塑料瓶回收行为降低了其绿色基金支持度。Christian 等（2014）的研究发现，除了过去的道德行为经历外，仅想象可能会发生的道德行为也能够促使个体产生道德许可。闲置物品回收作为一种社会责任行为，参与闲置物物品回收传递出消费者在资源循环利用方面做出了贡献的信号，该信号线索促使消费者感知自身具有较高的道德形象，积极的自我形象感知可能促使消费者在未来的日常生活中产生更多违背社会道德或社会规范的行为。基于此，提出以下假设：

H10b：消费者的闲置物品回收行为会对其绿色消费意愿、二手产品购买意愿、亲社会意愿、节约行为、垃圾分类回收意愿产生负向溢出效应。

6.2　检验消费者闲置物品回收行为产生的溢出效应

基于可接近性—可诊断性模型、行为一致性理论、社会认同理论，闲置物品回收行为能够对相似或相关行为产生正向溢出效应。基于道德许可效应，消费者的闲置物品回收行为导致其感知被许可实施不道德或违背社会规范的行为，能够对相似或相关行为产生负向溢出效应。

针对上述不同溢出效应产生机制及其研究成果得出的矛盾结论，实验八旨在探讨消费者的闲置物品回收行为是否可以发挥信号线索的作用，促进或抑制消费者的绿色消费意愿、二手产品购买意愿、亲社会意愿、节约行为以及垃圾分类回收意愿。对与环保相关的生态行为以及与环保不相关的其他类型亲社会行为是否产生了差异化的溢出效应。验证两个竞争性假设 H10a 和 H10b。

6.2.1 预实验

预实验的目的是选择适合本书的实验对象。据统计，二手电商平台中最受用户关注的闲置物品是手机、服装鞋帽、图书以及数码产品（不含手机），关注度分别为49%、46%、40%、39%（极光，2018）。根据消费者心理与行为领域的相关研究成果，手机、数码产品属于搜索型产品，服装鞋帽和图书属于体验型产品，消费者对不同类型产品的感知存在差异（汪旭晖等，2017；郭婷婷和李宝库，2019），这可能导致不同类型产品回收行为产生的溢出效应存在差异。

为了保证研究结果的科学性。结合闲置物品回收商业实践的实际情况，在正式实验前对参与过闲置物品回收的部分消费者进行了访谈，在访谈的基础上，选取智能手机、iPad、笔记本电脑、图书、手提包、服装鞋帽六种产品作为实验备选产品。在此基础上，共邀请27名被试对备选产品进行评价。同时分别利用“您对该种闲置物品的熟悉程度高”测试被试对备选产品的熟悉程度；利用“您认为该种闲置物品适合被回收，您认为该种闲置物品被回收合乎逻辑，您认为该种闲置物品回收的可能性高（$\alpha=0.863$）”三个题项测试备选产品适合作为闲置物品被回收的程度。四个测试题项均采用李克特7级量表进行测量，1=非常不同意，7=非常同意。

描述性统计结果如表6.1所示，被试对六种备选产品熟悉程度的均值显著大于中间值4。在六种备选产品中被试感知iPad和图书作为闲置物品被回收的程度适中，被试对两种产品作为闲置物品被回收程度的感知不存在显著差异，$t(52)=-0.142$，$p>0.5$；被试对两种闲置物品的熟悉程度也不存在显著差异，$t(52)=-0.929$，$p>0.5$。考虑到iPad和图书属于普遍存在的闲置物品，在二手闲置物品回收商业实践中受到的关注程度均较高，后续实验中选取iPad和图书作为实验对象。

表 6.1 实验备选产品评价

项目	得分均值					
	智能手机	iPad	笔记本电脑	图书	手提包	服装鞋帽
熟悉程度	5.444	5.037	4.815	5.260	5.148	4.630
产品适合作为闲置物品被回收的程度	5.667	5.210	5.444	5.235	4.790	4.815

6.2.2 实验设计与过程

实验八旨在验证被试闲置物品回收行为产生溢出效应的方向，以及对不同类型亲社会行为产生溢出效应的差异。实验采用单因素（iPad 回收组 VS. 图书回收组 VS. 控制组）组间实验设计，因变量是绿色消费意愿、二手产品购买意愿、亲社会意愿、节约行为、垃圾分类回收意愿。为了避免被试对真实网络回收平台熟悉程度或偏好差异导致实验结果失真，实验过程中网络回收平台名字虚拟为“ELEG”。实验八以普通消费者为样本，通过问卷星调研平台付费在线发放问卷。考虑到研究分组，实验八共形成 iPad 回收组、图书回收组以及控制组三个网页链接，每个链接利用五个跳转页面完成实验调研的三个部分。为了保证实验结果的准确性，减少社会赞许性偏差，在被试打开网页时向被试承诺调研分析针对总体而非个体消费者层面，调研结果仅用于学术研究且严格保密。为了提高被试作答的积极性，作答完成后被试可以参与现金抽奖，抽取 1 ~ 10 元的微信现金红包奖励。

（1）实验过程。

第一部分是闲置物品回收情境刺激材料。根据 Jordan 等（2011）的研究，对过去道德或不道德行为的回忆会影响被试未来的行为意愿。该部分让控制组被试想象一段旅游目的地信息，让实验组被试想象以下情景：

iPad 回收组请被试努力想象以下情景：11 月 20 日是国际儿童日，为了唤起人们对儿童教育的关注，11 月 20 日当天闲置物品回收平台 ELEG 发起并实施了“儿童数码助学计划”。知道该消息后，11 月 20 日您通过该平台将您闲置的 iPad 进行了回收。

图书回收组请被试努力想象以下情景：4 月 2 日是国际儿童图书日，

为了唤起人们对儿童教育的关注，4月2日当天闲置物品回收平台ELEG发起并实施了“乡村阅读计划”。知道该消息后，4月2日您通过该平台将您闲置的图书进行了回收。

阅读完实验情景材料后，请被试对场景的真实性进行打分。完成该部分后进入下一个环节。为了避免被试猜到实验目的，第二部分测试题项开始前告知被试为了节约调研成本，课题组将几个不相关的调研组合到一起进行调研。请被试认真阅读各个题项，根据自身的实际感受对各个题项做出评价。之后进入对绿色消费意愿、二手产品购买意愿、亲社会意愿、节约行为以及垃圾分类回收意愿五个因变量测试题项进行评价的页面。完成该部分后进入下一个页面填写个人基本特征信息。

第三部分要求被试回答自己的性别、年龄、职业和受教育程度4个题项。考虑到研究分组，实验八预设每组回收问卷50份，问卷搜集完成以后网页链接停止作答，共回收问卷150份。为避免重复作答，剔除IP地址重复的问卷6份，剔除答题时间低于40秒的疑似机械问卷9份，剔除操作检验和主体问题部分回答不认真的问卷7份，实验八共得到有效问卷128份。被试的基本特征分析如表6.2所示。

表6.2　　被试的基本特征分析

变量	特征	数量	比例（%）
性别	男	53	41.41
	女	75	58.59
年龄	≤18岁	3	2.34
	19~25岁	29	22.66
	26~30岁	46	35.94
	31~35岁	27	21.09
	36~40岁	14	10.94
	≥41岁	9	7.03
职业	学生	12	9.38
	企、事业单位员工	82	64.06
	政府公务员	18	14.06
	自由职业者	13	10.16
	其他	3	2.34
受教育程度	高中及以下	5	3.91
	大专及同等学历	33	25.78
	本科	72	56.25
	硕士及以上	18	14.06

（2）测量量表。

本书对各个因变量的测量均借鉴已有成熟量表。参照Wagner等（2009）

的测量量表，利用“我相信情境中描述的现象可能存在于现实生活中；我能够很好地想象到情景中描述的事情”两个题项测试被试的场景真实性感知。参照 Chen 和 Chang（2012）以及王汉瑛等（2018）对绿色消费的定义和测量，将绿色消费定义为消费者出于环保考虑而购买特定的产品，利用“出于环保意识，我打算购买绿色产品”等三个题项测试被试的绿色消费意愿。二手产品购买意愿的量表由 Dodds 等（1991）的量表改编而来，从“考虑购买、优先购买、计划购买、可能购买”四个方面进行测量。参照朱一杰等（2017）和 Jordan 等（2011）的研究，被试填写未来一个月内其愿意参与三项亲社会活动（参与志愿活动、向慈善机构捐款、献血）和三项娱乐活动（参加聚会、度假、看电影）的程度，三项娱乐活动参与意愿主要用作干扰项，不做深入分析。参照 Lanzini 和 Thogersen（2014）、Spence 等（2014）的研究，利用“随手关灯、随手关水、双面打印文档”等五个题项测试被试的节约行为。参照 Chu 和 Chiu（2010）的研究，利用“有必要对家里的垃圾进行分类回收；打算对家里的垃圾进行分类处理”两个题项测试被试的垃圾分类回收意愿。具体如表 6.3 至表 6.7 所示。所有测试题项均利用李克特 7 级量表进行测量。

表 6.3　绿色消费意愿测量量表

变量	测试题项	来源
绿色消费意愿	出于环保意识，我打算购买绿色产品	Chen 和 Chang（2012）、王汉瑛等（2018）
	考虑产品的环保绩效，我在未来会购买绿色产品	
	总的来讲，我会优先考虑购买环境友好型产品	

表 6.4　二手产品购买意愿测量量表

变量	测试题项	来源
二手产品购买意愿	如果有需要，我会考虑购买二手产品	Dodds 等（1991）
	如果有需要，我会优先考虑购买二手产品	
	如果有需要，我计划购买二手产品	
	如果有需要，我可能会购买二手产品	

表 6.5 亲社会意愿测量量表

变量	测试题项	来源
亲社会意愿	未来一个月内我愿意参与志愿活动	Jordan 等（2011）、朱一杰等（2017）
	未来一个月内我愿意向慈善机构捐款	
	未来一个月内我愿意献血	
	未来一个月内我愿意参加聚会	
	未来一个月内我愿意去度假	
	未来一个月内我愿意去看电影	

表 6.6 节约行为测量量表

变量	测试题项	来源
节约行为	在离开房间时随手关灯	Lanzini 等（2014）、Spence 等（2014）
	在刷牙过程中随手关水	
	打印文档时选择双面打印	
	尽量利用电子设备阅读文档	
	不用的时候将电脑、电视等设备关掉	

表 6.7 垃圾分类回收意愿测量量表

变量	测试题项	来源
垃圾分类回收意愿	我觉得有必要对家里的垃圾进行分类回收	Chu 和 Chiu
	下周开始，我打算对家里的垃圾进行分类处理	

6.2.3 数据分析与结果

（1）信效度分析与操控检验。

本实验采用 Cronbach's α 值对各个变量测量量表进行信度分析。为了保证各个变量的测试题项能够准确反映所要测量的指标，本实验所有测试题项均借鉴了已有成熟量表，并采用探索性因子分析和验证性因子分析法对测量量表进行了效度检验。为了保证实验场景能够反映现实情境，采用描述性统计的方法对实验情景材料进行了检验。

首先，对各个变量进行信度分析。结果显示，场景真实性感知测量量表的 Cronbach's α 值为 0.806；绿色消费意愿测量量表的 Cronbach's α 值为 0.845，二手产品购买意愿测量量表的 Cronbach's α 值为 0.798，节约行为测量量表的 Cronbach's α 值为 0.891，垃圾分类回收意愿测量量表的 Cronbach's α 值为 0.773。此外，亲社会意愿整体测量量表的 Cronbach's α 值为 0.704，其中三个干扰题项（娱乐活动）的 Cronbach's α 值为 0.844，三个亲社会活动题项的 Cronbach's α 值为 0.830。各个变量测量量表的 Cronbach's α 值均大于 0.700，说明整个量表的信度良好。

其次，对整个量表进行效度分析。探索性因子分析结果表明，整个测量量表的 KMO 值为 0.675，巴特利特球形检验结果 sig. =0.000，适合进行因子分析。因子分析共提取出 7 个特征根大于 1 的公因子，特征根从大到小依次是 4.017、2.856、2.745、2.449、1.681、1.463、1.273，累计方差解释率为 74.929%。亲社会意愿六个题项共提取出两个因子，三个归于亲社会活动，三个归于娱乐活动。

进一步利用验证性因子分析法检验整个量表的效度。验证性因子分析模型拟合指数如表 6.8 所示，可以看出各个指标均达到理想值，说明模型拟合度良好。各个变量测试题项的因子载荷均大于 0.650。分别利用式（6.1）和式（6.2）计算各个变量的组合信度和平均方差抽取量（AVE），结果表明各个变量测试题项的组合信度大于 0.700，AVE 值大于 0.500，说明量表的效度良好。测量量表的信度和效度检验如表 6.9 所示。

$$\rho_c = \frac{(\sum \lambda)^2}{[(\sum \lambda)^2 + \sum (\theta)]} \tag{6.1}$$

$$\rho_\nu = \frac{(\sum \lambda)^2}{[(\sum \lambda)^2 + \sum (\theta)]} \tag{6.2}$$

其中，ρ_c 为组合信度，ρ_ν 为平均方差抽取量，λ 表示指标变量在潜在变量上的标准化参数估计值，即标准化因子载荷，θ 为观测变量的误差变异量。

最后，对场景真实性进行检验。结果显示，被试的场景真实性感知显著大于中间值 4（M = 5.066，SD = 0.711），且控制组（$M_{控制组}$ = 5.070，

SD = 0.712）、iPad 回收组（$M_{iPad} = 5.143$，SD = 0.743）以及图书回收组（$M_{图书} = 4.988$，SD = 0.686）被试的场景真实性感知均值均大于4，说明实验场景和现实场景具有较高的契合度。

表 6.8　　验证性因子分析模型拟合指数

拟合指标	χ^2/df	GFI	AGFI	IFI	CFI	NFI	PGFI	RMSEA
标准	<3	>0.9	>0.9	>0.9	>0.9	>0.9	>0.5	<0.08
指标值	1.652	0.908	0.902	1.019	1.000	0.904	0.635	0.000

表 6.9　　测量量表的信度和效度检验

变量	观测变量	Cronbach's α	因子载荷	组合信度	AVE 值
情境真实性感知	SA1	0.806	0.749	0.706	0.546
	SA2		0.728		
垃圾分类回收意愿	WSR1	0.773	0.825	0.754	0.606
	WSR2		0.729		
节约行为	SB1	0.891	0.675	0.888	0.615
	SB2		0.823		
	SB3		0.781		
	SB4		0.811		
	SB5		0.820		
二手产品购买意愿	SHP1	0.798	0.772	0.832	0.553
	SHP2		0.782		
	SHP3		0.701		
	SHP4		0.717		
绿色消费意愿	GC1	0.845	0.799	0.844	0.643
	GC2		0.830		
	GC3		0.775		
亲社会意愿（亲社会活动）	PRO1	0.830	0.697	0.829	0.622
	PRO4		0.703		
	PRO6		0.941		
亲社会意愿（娱乐活动）	PRO2	0.844	0.842	0.849	0.653
	PRO3		0.817		
	PRO5		0.763		

（2）假设检验。

以实验情景（iPad 回收组 VS. 图书回收组 VS. 控制组）为自变量，分别以绿色消费意愿、二手产品购买意愿、亲社会意愿、节约行为、垃圾分类回收意愿为因变量进行方差分析。结果显示：

当因变量为绿色消费意愿时，自变量的主效应显著，$F(2, 125) = 7.694$，$p = 0.001$。进一步的事后检验（Fisher's LSD）发现，相较于控制组（$M_{控制组} = 3.992$），iPad 回收组（$M_{iPad} = 4.444$，$p = 0.007$）和图书回收组（$M_{图书} = 4.612$，$p = 0.000$）被试的绿色消费意愿更强，且 iPad 回收组和图书回收组被试的绿色消费意愿不存在显著差异，$p > 0.1$。

当因变量为二手产品购买意愿时，自变量的主效应边缘显著，$F(2, 125) = 2.885$，$p = 0.060$。进一步的事后检验（Fisher's LSD）发现，相较于图书回收组（$M_{图书} = 3.390$），iPad 回收组（$M_{iPad} = 3.810$，$p = 0.018$）被试的二手产品购买意愿更强；控制组（$M_{控制组} = 3.587$）与图书回收组被试的二手产品购买意愿不存在显著差异，$p > 0.1$；控制组与 iPad 回收组被试的二手产品购买意愿不存在显著差异，$p > 0.1$。

当因变量为亲社会意愿时，自变量的主效应不显著，$F(2, 125) = 0.581$，$p > 0.1$。图书回收组（$M_{图书} = 4.674$）、iPad 回收组（$M_{iPad} = 4.595$）以及控制组（$M_{控制组} = 4.519$）两两之间的亲社会意愿不存在显著差异。

当因变量为节约行为时，自变量的主效应显著，$F(2, 125) = 12.093$，$p = 0.000$。进一步的事后检验（Fisher's LSD）发现，相较于控制组（$M_{控制组} = 4.405$，$p = 0.000$）和 iPad 回收组（$M_{iPad} = 4.752$，$p = 0.014$），图书回收组（$M_{图书} = 5.116$）被试表现出更强的节约行为；同时，相较于控制组，iPad 回收组被试表现出更强的节约行为，$p = 0.018$。

当因变量为垃圾分类回收意愿时，自变量的主效应显著，$F(2, 125) = 6.659$，$p = 0.002$。进一步的事后检验（Fisher's LSD）发现，相较于控制组（$M_{控制组} = 4.430$），iPad 回收组（$M_{iPad} = 4.929$，$p = 0.001$）和图书回收组（$M_{图书} = 4.814$，$p = 0.008$）被试表现出更强的垃圾分类回收意愿；且 iPad 回收组和图书回收组被试的垃圾分类回收意愿不存在显著差异，$p > 0.1$。

由上述检验结果可知，消费者的闲置物品回收行为对其绿色消费意愿、节约行为以及垃圾分类回收意愿均产生了正向溢出效应。此外，两种类型闲置物品的回收行为没有对二手产品购买意愿和亲社会意愿产生明显的溢出效应。如图6.1所示，假设H10A得到部分支持，假设H10B没有得到数据支持。

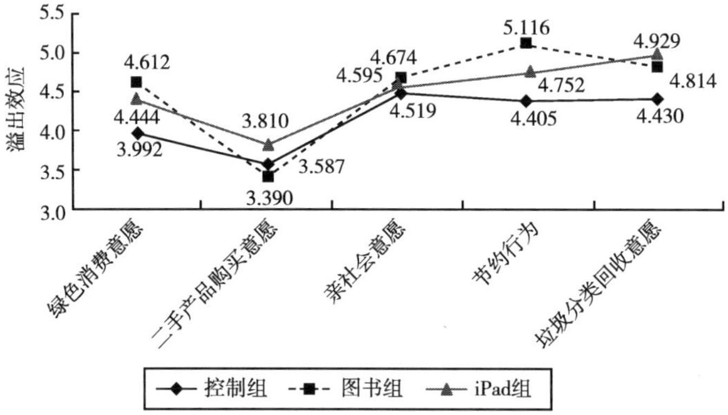

图6.1 消费者闲置物品回收行为产生的溢出效应

如前所述，绿色消费、节约行为、垃圾分类回收这些生态行为属于与环保相关的亲社会行为，二手产品购买、捐赠、献血、参加志愿活动属于非环保相关的其他类型亲社会行为。为了进一步验证消费者的闲置物品回收行为对不同类型亲社会行为产生了差异化的溢出效应，分别以绿色消费意愿、节约行为、垃圾分类回收意愿三个变量的均值以及二手产品购买意愿、亲社会意愿两个变量的均值为因变量。采用配对样本t检验对其进行检验，结果如图6.2所示，闲置物品回收行为对两种类型亲社会行为的溢

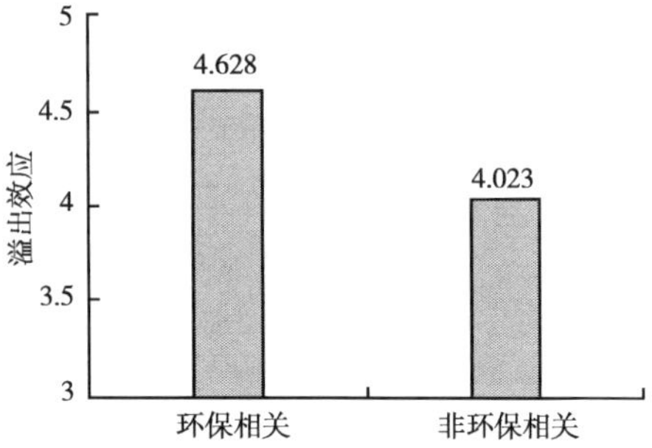

图6.2 闲置物品回收对环保与非环保行为溢出效应的对比分析

出效应差异显著。相较于非环保相关的亲社会行为（M＝4.023），闲置物品回收行为对环保相关亲社会行为的溢出效应更强（M＝4.628），t（127）＝8.167，p＝0.000。

6.2.4 结果讨论

实验八基于溢出效应相关理论和产生机制分析了消费者闲置物品回收行为产生的溢出效应。实验研究结果说明，消费者的闲置物品回收行为能够产生正向溢出效应，没有因为启动消费者积极的自我形象感知而产生负向溢出效应。

（1）总体来看，消费者的闲置物品回收行为对绿色消费意愿、节约行为以及垃圾分类回收意愿这些同环保相关的生态行为产生的正向溢出效应更强；对二手产品购买意愿、向慈善机构捐款、志愿活动、献血这些与非环保相关的行为产生的溢出效应不明显。这说明：一方面，消费者的闲置物品回收行为启动了消费者的利他目标，该行为一旦激活可以启动更广泛的利他目标，进而指导其他亲社会行为。消费者亲社会行为的溢出效应最可能发生在与溢出源具有符号相似性的行为之间。绿色消费意愿、节约行为以及垃圾分类回收意愿与闲置物品回收行为同属于和环保相关的生态行为，这些行为之间具有更强的可接近性、可诊断性，这些行为通过闲置物品回收行为被激活，是闲置物品回收行为的产物。另一方面，对于一个努力实现特定目标的人来说，先尝试简单的行为，然后再尝试代价更高、更不便捷的行为是理性的。相较于生态行为，向慈善机构捐款、献血、参加志愿活动以及购买二手产品这些行为需要花费的成本更高。相较于需要付出较高努力程度的行为，消费者的闲置物品回收行为对相对容易改变或者改变意味着没有或成本较低的行为促进作用更强。

（2）消费者的图书回收行为对节约行为的溢出效应显著高于 iPad 回收行为，iPad 回收行为对二手产品购买意愿的溢出效应显著高于图书回收行为。消费者对回收搜索型产品和体验型产品的不同感知或动机取向在一定程度上引发了其闲置物品回收行为产生溢出效应的差异。消费者日常生活中闲置的体验型产品主要有图书、服装鞋帽、手提包、化妆品等，消费者回收这些产品更多的是出于节约资源、避免浪费的动机，回收这些闲置物品的行为与节约行为的行为动机或行为具有更强的一致性，该行为对其日常生活中节约行为的影响更强。消费者日常生活中闲置的搜索型产品主要有智能手机、iPad、数码相机等，消费者对这些闲置物品的回收行为降低了其购买二手产品的感知风险，进而对其二手产品购买意愿的促进作用更强。

现在关于消费者亲社会行为溢出效应的研究结论尚未达成共识，甚至有学者指出，因道德许可效应的存在导致消费者的亲社会行为可能产生负向溢出效应。实验八的研究结果与大部分亲社会行为溢出效应相关研究的观点相似。也就是说，虽然存在一些特殊情况，一般情况下消费者的亲社会行为可以从一种行为向另一种行为积极溢出（Lanzini and Thogersen, 2014）。此外，实验八的研究结果证实，消费者的闲置物品回收行为主要影响与其可接近性和相似性更强的与环保相关的生态行为，对与其可接近性和相关性较弱的与环保非相关的其他亲社会行为的影响不明显。这说明与原始行为可接近性或相关性强度的差异会导致溢出效应存在差异，研究消费者对不同亲社会行为的感知可接近性或相关性是揭开亲社会行为领域溢出效应相关研究得出矛盾结论的一个重要方向。

为了最大化刺激特定行为产生正向溢出效应，抑制负向溢出效应，学者开始关注外部信息干预策略对溢出效应的影响。Fischer 等（2008）指出，溢出效应与信息干预策略的心理影响力息息相关，对亲社会或环保行为给予不同的信息反馈框架能够刺激个体产生不同的动机诉求，继而影响其未来的行为决策。那么，是否可以利用信息框架策略对消费者的闲置物品回收行为进行反馈以促使回收行为产生的积极结果最大化，该结果产生的内在心理机制和边界条件是什么尚需进一步探讨。

第7章　信息框架干预溢出效应的机制

Ellingsen等（2012）的研究发现，对同一问题采用不同的信息表述方式能够导致个体选择发生偏好逆转，聚焦于环境心理学领域的研究已经证实了特定行为的信息干预策略可能影响消费者参与其他亲社会行为的可能性（Evans et al.，2013）。事后干预策略中的信息框架策略如何改变消费者闲置物品回收行为产生的溢出效应有待探究。基于信息框架理论，本章探究信息框架策略在溢出效应产生过程中起到的干预作用，阐明该干预作用的过程机制和边界条件。

7.1　信息框架干预作用的理论推演与假设提出

7.1.1　信息框架对溢出效应的影响

信息沟通策略中的信息框架策略通过刺激个体的心理认知进而说服个体采取或不采取特定的行为（Levin et al.，1998）。在消费者亲社会行为研究领域，Raggio和Folse（2011）在研究消费者捐赠时发现，重大灾害期间官方道谢能够提升消费者义务捐赠、购买灾区生产产品等亲社会行为意愿。Thøgersen和Crompton（2009）认为，在环保沟通与宣传中，相较于诉诸经济利益或社会地位，诉诸环保需要能够产生积极的溢出效应。Whitmarch和O'Neill（2010）的研究认为，消费者的环保行为能够刺激其环保倾向或环保信念，进而影响其未来的决策和行为。在实践中，信息框架策略通过展示特定行为背后可能存在的动机诉求，使相应的信念变得更加清晰、强大，这些信念通过影响个体的决策框架进而影响个体对特定收益的重视程度，以及他们愿意为某一行为付出的努力程度。在环保行为溢出效应的研究中，Cornelissen 等（2008）的研究发现，通过信息框架策略强调某种环保行为的收益能够增强该行为的诊断性，提升个体对该行为的感知影响进而增加个体实施其他环保行为的可能性。Spence 等（2011）的研究指出，运用环境信息框架来表示能源减少可能会带来特定的社会价值，或者减少人们与气候变化之间的心理距离，进而更广泛地影响消费者的可持续发展行为。Evans 等（2013）的研究发现，相较于控制组以及以财务因素为理由解释汽车共享的必要性，以自我超越为理由解释汽车共享的必要性增强了消费者的回收行为。与之研究相似，Steinhorst 等（2015）在探究节电行为对其他环境友好型行为的溢出效应时发现，不同信息框架产生的溢出效应存在差异。环境框架情境下消费者节电行为对其环保意愿产生积极的溢出效应，这一效应在金钱框架情境下不显著。

根据信息框架理论，消费者的闲置物品回收行为可以通过得益和损失两种框架进行表述，前者强调消费者的闲置物品回收行为能够带来的积极结果或收益，后者强调消费者的闲置物品回收行为能够避免的消极结果或损失。如果能够采取合适的信息表述方式向消费者传递其闲置物品回收行为产生的价值，那么消费者将来可能更愿意参与闲置物品回收。基于可接近性—可诊断性理论，闲置物品回收信息沟通策略产生溢出效应需要满足两个条件：一是信息出现时，消费者能够从记忆中提取出信息中未包含的方面，即可接近性；二是信息能够刺激消费者联想到信息中未涉及的方面，即可诊断性。如果信息反馈策略促使消费者认为其闲置物品回收行为产生了价值，这种认知会影响其对相似或相近亲社会行为的价值判断，进而产生更多的亲社会行为。

基于调节匹配的说服性机制，信息框架与消费者的调节聚焦类型相一致时，信息的说服效果得到增强。当涉及收益较低或没有回报的亲社会行为的信息反馈策略时，调节匹配的逻辑并不一定适用。Segev 等（2015）认为，与消费者购买绿色产品，如购买绿色家居产品的行为不同，绿色购买行为能够给消费者带来即时的、有形的好处，至少能满足消费者对产品的具体功能需求，这导致人们对待绿色消费的态度本身是积极的。回收行为可能无法给回收者带来即时的、有形的回报，通常利用损失框架信息给回收者传递一种紧迫感，以推动其做出预期的反应。同时，可持续发展营销领域的研究表明，社会责任、环境保护等与可持续发展相关的特点聚焦于防御或规避时对消费者的劝服效果更好（Bullard and Manchanda，2013）。Liberman 等（2005）基于信息框架理论的研究发现，损失框架因激发了消费者对责任、痛苦和悲伤的感知，对消费者的劝服效果更强。在探究消费者对慈善事业的支持意愿过程中，Bullard 和 Penner（2017）发现，在慈善营销中事件以损失框架进行表述时，能够得到更多的社会支持且感知影响中介了信息框架与消费者支持意愿间的关系。

闲置物品回收行为与其他亲社会行为存在相似性，都能够体现消费者的道德信念和价值观。呼吁闲置物品回收行为的根本目的是保护环境、避免资源浪费，如果损失框架对其他亲社会行为的说服效果更好，本书推断相较于得益框架，信息反馈策略聚焦于避免消极结果时能够刺激消费者的环保主义价值观和信念，提升消费者的环境自我认同。这种环境自我认同进一步规范消费者的行为意愿或行为，促使消费者采取更多的环保行为。相反，得益框架可能让消费者认为自身的闲置物品回收行为已经为亲环境行为做出了“力所能及”的贡献，无法构建个体的环保自我认同，甚至因“道德许可效应”的出现降低了消费者践行其他环保行为的可能性。这导致得益框架难以引发消费者闲置物品回收行为在其他亲社会或环保行为上的泛化。基于此，提出以下假设：

H11：相较于得益框架，消费者的闲置物品回收行为以损失框架进行反馈时引发的溢出效应更强。

7.1.2　感知影响的中介作用

感知影响是指个体对自身行为造成结果的感知，也可以理解为感知效用或感知效能（Erlandsson et al.，2015）。在研究慈善捐赠过程中，Bullard 和 Penner（2017）认为慈善捐赠包括对他人生活产生影响和放弃自身资源两个方面，对他人生活产生影响是捐赠的原因，放弃自身资源是产生影响的途径。为社会或他人做出贡献是令人向往的，失去自身资源或放弃个体利益是每个人都不期待发生的事情，那么感知影响就是促使个体放弃自身资源产生亲社会行为的关键因素[258-259]。在亲社会行为的已有研究中，学者发现，感知影响是激发个体亲社会行为动机和亲社会满意感的关键驱动因素。个体感知其行为的影响越大，其越倾向于采取亲社会行为（Cryder et al.，2013a，2013b）。Grant 等（2007a，2007b）的研究发现，在组织环境中当员工认为其行为对别人来讲有意义或者能够产生影响时，其亲社会行为动机更强。Whitehair 等（2013）的研究发现，让个体意识到自身行为的积极效果有助于改善其行为。

以行动为基础的学习理论（Study - based - on - action）认为，对结果的信念影响行为，而对特定行为结果的认知可以扩展到其他行为（何跃等，2015）。同时，学者发现信息类型会影响消费者对自身行为产生影响的感知，这种对行为结果的感知会影响行为意愿或行为。Cryder 等（2013a）在研究慈善捐款时发现，相较于宽泛信息，具体信息能够增加个体感知自身捐赠的影响，当人们收到有关慈善机构的详细信息时其捐款意愿更强。

结合前面论述，本书推断闲置物品回收行为容易激活消费者记忆中与亲社会或环保行为相关的线索，使消费者可以从对闲置物品回收的认知转移到对其他亲社会或环保行为的感知。如果消费者意识到他们的闲置物品回收行为可以产生的影响越大，他们越可能会产生其他环境或社会友好型行为。基于此，提出以下假设：

H12：相较于得益框架，损失框架引发消费者感知自身行为的影响更强，感知影响在损失框架对溢出效应的影响中起到了中介作用；得益框架不能显著提升消费者对自身行为的感知影响，感知影响在得益框架对溢出效应的影响中不起中介作用。

7.1.3 环保意识的中介作用

意识是人脑对环境中客观存在的反应，体现了个体对外界事件和自身所处环境的察觉和关注程度。环保意识是指个体对环境问题的警觉性和对其不利后果的感知，能够反映个体对环境问题的认知和行为倾向（Brenton et al.，2013）。环保意识强的消费者重视道德和法律规范，在生活和消费过程中能够积极考虑自身行为对社会和环境带来的影响。在绿色消费研究过程中，学者发现，消费者对环境问题的认知和解读将直接影响其未来的认知和行为。于伟（2009）的研究表明，消费者的环保意识不仅能够影响其绿色感知价值，而且会显著影响其绿色消费行为。吴波等（2016）在研究消费者参与环保活动的溢出效应过程中发现，环保价值观是影响消费者参与环保活动产生正向溢出效应的关键变量。

根据自我知觉理论，个体以自身行为为线索形成态度、规范和价值观。如果将个体过去的行为描述为亲环境的，能够激发个体更强的道德规范和亲环境态度（Cornelissen et al.，2008）。根据启动理论，个体环保行为在个体的习惯形成过程中由于环保意识的启动会对后续不需要意识参与的环保行动起作用。因行为之间具有相似性，激活消费者的环保意识能够增加其实施各种有利于环境行为的可能性（吴波等，2016）。闲置物品回收行为相关的信息沟通策略旨在引发消费者对自身行为产生影响的关注，唤醒消费者的亲社会或环保行为信念和认知，这可能会激发消费者内在的环保意识，进而影响其绿色消费意愿、二手产品购买意愿、垃圾分类回收意愿、节约行为以及亲社会意愿。此外，根据损失厌恶理论，对于相同的事件相比等量的收益，消费者对损失产生的反应更加强烈，信息策略强调降低损失比获得收益更加有效（Segev et al.，2015）。因而环保意识作为连接情境与个体心理认知的重要纽带，可能会中介信息框架与溢出效应之间的关系。结合假设H11，提出以下假设：

H13：相较于得益框架，损失框架增强了消费者的环保意识，环保意识在损失框架对溢出效应的影响中起到了中介作用；得益框架不能显著增强消费者的环保意识，环保意识在得益框架对溢出效应的影响中不起中介作用。

通过上述分析可以发现，信息框架既可以通过增强消费者感知自身行为的影响也可以通过唤起消费者的环保意识提升消费者闲置物品回收行为产生的溢出效应。一个关键的问题是，感知影响和环保意识在信息框架对溢出效应驱动过程中的关系是什么？本书认为，消费者感知自身闲置物品回收行为的影响越强，其对自身行为会导致特定结果的推测越强，自我效能感越强，这种感知激发了其环保意识，增强了其亲社会行为意愿和行为。也就是说，信息框架对溢出效应的影响可能存在“信息框架—感知影响—环保意识—溢出效应”的路径。基于此，提出以下假设：

H14：感知影响和环保意识在信息框架与溢出效应之间存在链式中介作用，即损失框架通过提升消费者感知自身行为的影响唤起了消费者内在的环保意识，进一步增强了闲置物品回收行为产生的溢出效应。

7.1.4 目标进展的调节作用

商业实践中，企业或社会组织通常通过向消费者披露回收进展动态或效果以赢得消费者对回收的支持和信任。学者的研究认为，消费者在行为过程中感知到的目标进展水平能够影响其对目标的承诺和行为动机，进而增强或削弱其后续实施相同或相似行为的可能性（Zhang and Huang，2010）。徐嘉祺等（2019）的研究表明，消费者的绿色消费者行为对亲社会行为溢出效应的效果受到目标进展信息的影响。根据动态的自我调节理论，Park 和 Hedgcock（2015）的研究认为，个体会根据当前状态与目标状态之间的差异进行自我调节。当个体感知目标进展水平较高时，其认为达到目标不需要付出太多努力，追求目标的动机被减弱；反之，当个体感知目标进展水平较低时，其会认为自身付出的努力还不够多，为了保持自身对目标的承诺，追求目标的动机被增强。

Koo 和 Fishbach（2008）将目标进展信息分成已完成（to - date）和待完成（to - go）两种，研究证明了在承诺确定性程度高的情境下，to - go 的目标进展信息对消费者目标追求动机的影响程度更强，进展期待在其中起到了中介作用；在承诺确定性低的情境下，to - date 的目标进展信息对消费者目标追求动机的影响程度更深，感知重要性在其中起到了中介作用。他们指出，目标进展信息之所以会影响消费者追求目标的动机，原因在于这些信息告知消费者已经完成和仍然存在的距离，进而影响消费者对目标可达性和实现目标需要付出努力的认知。消费者通过感知当前状态与初始状态或目标状态之间的心理距离对自己的行为进行动态的自我调节。

在进一步的研究中，学者发现目标进展对消费者行为动机的影响会受到解释水平的影响。熊小明等（2019）的研究表明，在购买环保产品以后，消费者是否会在未来的消费行为中持续购买环保产品受到未来自我联结与目标进展信息的双重影响，且感知目标距离在未来自我联结与目标进展的交互作用中起到了中介作用。Fishbach 等（2006）的研究指出，解释水平和目标进展存在匹配效应，将个体过去的目标行为采用低解释水平信息时，个体会将过去的目标行为视为目标进展，促进了目标转换的可能性；将个体过去的目标行为采用高水平信息描述时，个体会将过去行为视为目标承诺，增加了目标实现的可能性。Wiebenga 和 Fennis（2014）发现，受到高水平解释下抽象思维模式的影响，对于 to－date 的目标进展信息，消费者容易高估已经完成的目标，这种认知促进了其进一步实现最终目标的动机，对于 to－go 的目标进展信息，消费者容易高估待完成的目标，这种认知降低了其进一步实现最终目标的动机，感知目标距离在上述交互作用中起到了中介效应。基于行为认同理论，Park 和 Hedgcock（2015）的研究也证实了个体的感知目标进展与解释水平存在匹配效应，且高目标进展水平与高解释水平匹配时增强了消费者追求行为的动机。基于解释水平理论和信息框架理论，Chang 等（2015）的研究表明，损失框架与低解释水平存在匹配性，得益框架与高解释水平存在匹配性，这种匹配性会提升消费者对广告品牌的态度和购买意愿。Kulkarni 和 Yuan（2015）的研究发现，解释水平与信息框架对消费者心理与行为的作用效果会受到心理距离的边界影响。对于心理距离远且采用高解释水平的广告信息，相较于损失框架，得益框架信息对消费者的劝服效果更好；对于心理距离近且采用低解释水平的广告信息，相较于得益框架，损失框架信息对消费者的劝服效果更好。

根据已有研究成果，一方面高解释水平与高目标进展存在匹配，低解释水平与低目标进展存在匹配；另一方面高解释水平与得益框架存在匹配，低解释水平与损失框架存在匹配。本书认为，目标进展水平能够通过转移消费者的认知进而影响信息框架对闲置物品回收行为溢出效应的干预作用。

具体而言，高目标进展的闲置物品回收信息传递出目标具有可达性和认同群体行为的信号，强调闲置物品回收行为给社会或个人带来积极结果或益处的得益框架信息能够给消费者带来积极、正面、得到社会认同的心理感受，这种感知增强了消费者实现目标的动机和对目标的承诺，促使他们为实现回收目标而努力，并增强了其践行其他相似或相关行为的可能性。低目标进展的闲置物品回收行为传递出目标缺乏进展，尚需进一步推进的信号，强调闲置物品回收行为避免损失或消极结果的损失框架能够激发消费者对责任和义务的关注，增强消费者对自身回收行为产生影响的感知，并容易激活个体的自我超越型价值观，进而增强消费者践行其他相似或相关行为的可能性。基于此，提出以下假设：

H15：当目标进展水平较高时，相较于损失框架，得益框架引发的溢出效应更强；当目标进展水平较低时，相较于得益框架，损失框架引发的溢出效应更强。

基于上述假设，构建如图 7.1 所示的概念模型。

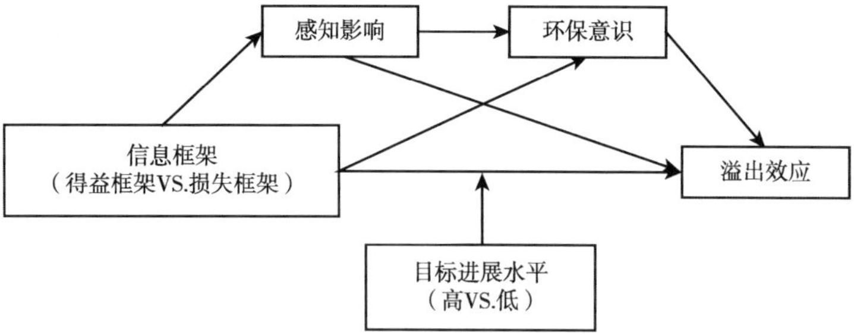

图 7.1　信息框架干预作用的概念模型

7.2　检验信息框架对溢出效应的干预作用

实验九是实验八研究结果的进一步延伸，旨在揭示事后干预策略中的信息框架策略在闲置物品回收行为产生溢出效应过程中的作用效果以及该干预作用产生的心理机制，验证假设 H11 到 H14。

7.2.1　实验设计与过程

实验九采用单因素（得益框架VS. 损失框架）组间实验设计，因变量是绿色消费意愿、二手产品购买意愿、亲社会意愿、节约行为、垃圾分类回收意愿。实验八预实验证明消费者对iPad和图书的熟悉程度以及作为闲置物品被回收的认可程度不存在显著差异，实验八正式实验证实iPad回收组和图书回收组中消费者的绿色消费意愿、节约行为以及垃圾分类回收意愿均显著高于控制组，这说明消费者两种类型产品的闲置物品回收行为均产生了正向溢出效应。实验九选择iPad作为实验对象，正式实验包含三部分。实验通过线下实地邀请普通消费者参与，为减少社会赞许性偏差，在实验过程中向被试承诺调研分析针对总体而非个体消费者层面，调研结果仅用于学术研究且严格保密，请每位被试按照从头到尾的顺序认真阅读并填写问卷。实验结束后赠送每位被试一份文具套装礼品作为报酬。

（1）实验过程。

第一部分为闲置物品回收情境刺激材料。根据Jordan等（2011）的研究发现，对过去道德或不道德行为的回忆会影响被试未来的行为意愿。该部分分别让被试想象一段情景，并在阅读完情景材料后对场景的真实性以及情景材料的信息框架类型进行打分。情景刺激材料如下。

得益框架组：11月20日是国际儿童日，为了唤起人们对儿童教育的关注，11月20日当天闲置物品回收平台“ELEG”发起并实施了“儿童数码助学计划”。知道该消息后，11月20日您通过该平台将您闲置的iPad进行了回收。您的电子闲置物品回收行为，既增加了贫困地区儿童获取知识的途径，也提升了资源的利用价值，履行了可持续发展的环保责任。

损失框架组：11月20日是国际儿童日，为了唤起人们对儿童教育的关注，11月20日当天闲置物品回收平台“ELEG”发起并实施了“儿童数码助学计划”。知道该消息后，11月20日您通过该平台将您闲置的iPad进行了回收。您的电子闲置物品回收行为，既减少了贫困地区儿童阅读获取知识途径少的烦恼，也避免了资源浪费，履行了可持续发展的环保责任。

第二部分请被试对绿色消费意愿、二手产品购买意愿、亲社会意愿、节约行为、垃圾分类回收意愿五个因变量以及中介变量感知影响和环保意识进行打分。为了避免被试猜到实验目的，告知被试为了节约调研成本，课题组将几个不相关的调研组合到一起进行调研。同时为了避免启动效应，中介变量感知影响和环保意识在五个因变量测试完成之后再进行测量。

第三部分要求被试回答自己的性别、年龄、职业、受教育程度四个题项。实验九预设每组回收问卷 80 份，共回收问卷 160 份。剔除操控检验不通过的问卷 6 份，主体问题部分作答不完整、连续大量题项选择一个选项的问卷 11 份，实验九共得到有效问卷 143 份。被试的基本特征分析如表 7.1 所示。

表 7.1　　被试的基本特征分析

变量	特征	数量	比例（%）	变量	特征	数量	比例（%）
性别	男	65	45.50	职业	学生	19	13.29
	女	78	54.50		企、事业单位员工	82	57.34
年龄	≤18 岁	2	1.40		政府公务员	17	11.89
	19～25 岁	39	27.27		自由职业者	20	13.98
	26～30 岁	54	37.76		其他	5	3.50
	31～35 岁	26	18.18	受教育程度	高中及以下	8	5.59
	36～40 岁	16	11.19		大专及同等学历	26	18.18
	≥41 岁	6	4.20		本科	88	61.54
					硕士及以上	21	14.69

（2）测量量表。

为保证研究变量的内容效度，本书对各个因变量的测量均借鉴已有成熟量表。参照 Wagner 等（2009）的测量量表，利用“我相信情境中描述的现象可能存在于现实生活中；我能够很好地想象到情景中描述的事情”两个题项测试被试的场景真实性感知。借鉴 White 等的研究，利用“您在多大程度上认为，上述情景材料描述的是参与闲置物品回收获得了收益；您在多大程度上认为，上述情景材料描述的是参与闲置物品回收避免了损失”两个题项测试被试对刺激材料信息类型的评价。绿色消费意愿、二手产品购买意愿、亲社会意愿、节约行为、垃圾分类回收意愿测试题项与实验八相同。

借鉴 Erlandsson 等（2015）的研究，利用“我相信闲置物品回收的预期结果是积极的”等三个题项测试被试的感知影响。具体如表 7.2 所示。借鉴 Ballantyne 等（2008）的研究，利用“我经常使用环保型产品；我经常思考我的行为是否有利于环境保护”等四个题项测试被试的环保意识，如表 7.3 所示。所有测试题项均采用李克特 7 级量表进行测量。

表 7.2　感知影响测量量表

项目	测试题项	来源
感知影响	我相信闲置物品回收的预期结果是积极的	Erlandsson 等（2015）
	我认为闲置物品回收能够产生积极影响	
	我认为通过闲置物品回收能够做出很多贡献	

表 7.3　环保意识测量量表

变量	测试题项	来源
环保意识	我经常使用环保型产品	Ballantyne 等（2008）
	我通常将家里的垃圾进行回收	
	我关心环保问题	
	我经常思考我的行为是否有利于环境保护	

7.2.2　数据分析与结果

（1）信效度分析与操控检验。

本实验采用 Cronbach's α 值对各个变量测量量表进行信度分析。为了保证各个变量的测试题项能够准确反映所要测量的指标，本实验所有测试题项均借鉴了已有成熟量表，并采用探索性因子分析和验证性因子分析法对测量量表进行了效度检验。为了保证实验场景能够反映现实情境，采用描述性统计的方法对实验情景材料进行了检验。为了保证信息框架刺激材料能够代表特定的信息框架类型，本实验采用 t 检验的方法对信息刺激材料进行了操控检验。

首先，对各个变量进行信度分析。结果显示，整个测量量表的 Cronbach's α 值为 0.690。场景真实性感知测量量表的 Cronbach's α 值为 0.772，绿色消费意愿测量量表的 Cronbach's α 值为 0.700，二手产品购买意愿测量量表的 Cronbach's α 值为 0.875，节约行为测量量表的 Cronbach's α 值为 0.776，垃圾分类回收意愿测量量表的 Cronbach's α 值为 0.905，感知影响测量量表的 Cronbach's α 值为 0.823，环保意识测量量表的 Cronbach's α 值为 0.819。此外，亲社会意愿整体测量量表的 Cronbach's α 值为 0.736，其中三个干扰题项（娱乐活动）的 Cronbach's α 值为 0.751，三个亲社会活动题项的 Cronbach's α 值为 0.821。各个变量测量量表的 Cronbach's α 值均大于 0.700，说明整个量表的信度良好。

其次，对整个量表进行效度分析。探索性因子分析结果显示，整个测量量表的 KMO 值为 0.640 低于 0.700，各个分量表的 KMO 值均大于 0.700，巴特利特球形检验结果的 sig. =0.000，适合进行因子分析。因子分析共提取出 9 个特征根大于 1 的公因子，特征根从大到小依次是 3.716、3.132、2.756、2.555、2.390、1.885、1.601、1.431、1.224，累计方差解释率为 71.340%。亲社会意愿六个题项共提取出两个公因子，其中三个题项归于亲社会活动，三个题项归于娱乐活动。

进一步利用验证性因子分析法检验整个测量量表的效度。验证性因子分析模型拟合指数如表 7.4 所示，可以看出各个指标均达到理想值，说明模型拟合度良好。各个变量测试题项的因子载荷均大于 0.650。利用组合信度和平均方差抽取量计算公式计算各个变量的组合信度和 AVE 值。结果显示，各个变量的组合信度均大于 0.700，AVE 值均大于 0.500，说明量表的效度良好。测量量表的信度和效度检验如表 7.5 所示。

表 7.4　验证性因子分析模型拟合指数

拟合指标	χ^2/df	GFI	AGFI	IFI	CFI	NFI	PGFI	RMSEA
标准	<3	>0.9	>0.9	>0.9	>0.9	>0.9	>0.5	<0.08
指标值	1.214	0.950	0.907	0.955	0.953	0.901	0.794	0.039

表 7.5　　测量量表的信度和效度检验

变量	观测变量	Cronbach's α	因子载荷	组合信度	AVE 值
情境真实性感知	SA1	0.772	0.747	0.707	0.546
	SA2		0.731		
垃圾分类回收意愿	WSR1	0.905	0.726	0.721	0.654
	WSR2		0.775		
节约行为	SB1	0.776	0.740	0.877	0.588
	SB2		0.836		
	SB3		0.766		
	SB4		0.763		
	SB5		0.723		
二手产品购买意愿	SHP1	0.875	0.786	0.867	0.621
	SHP2		0.726		
	SHP3		0.763		
	SHP4		0.869		
绿色消费意愿	GC1	0.700	0.765	0.835	0.629
	GC2		0.841		
	GC3		0.770		
亲社会意愿（亲社会活动）	PRO1	0.821	0.821	0.884	0.719
	PRO4		0.878		
	PRO6		0.843		
亲社会意愿（娱乐活动）	PRO2	0.751	0.724	0.793	0.562
	PRO3		0.812		
	PRO5		0.708		
环保意识	EA1	0.819	0.752	0.862	0.611
	EA2		0.731		
	EA3		0.887		
	EA4		0.748		
感知影响	IMP1	0.823	0.723	0.802	0.577
	IMP2		0.662		
	IMP3		0.878		

再次，对场景真实性进行检验。结果显示，被试的场景真实性感知显著大于中间值4（M=5.203，SD=1.045），且不论在得益框架下（M=5.327，SD=0.928）还是在损失框架下（M=5.066，SD=1.152），被试的场景真实性感知均值均大于4，说明实验情景与现实场景具有较高的契合度。

最后，对信息框架进行操控检验。配对样本t检验显示，在得益框架组中，被试更多地认为情景材料强调的是参与闲置物品回收获得的收益（$M_{得益}=4.987$，$M_{损失}=3.947$），t（74）=6.878，p=0.000；在损失框架组中，被试更多地认为情景材料强调的是参与闲置物品回收避免产生损失（$M_{得益}=3.882$，$M_{损失}=5.059$），t（67）=-7.078，p=0.000。独立样本t检验显示，得益框架下被试感知情景材料强调参与闲置物品回收获得收益的程度显著高于损失，t（141）=6.114，p=0.000；损失框架下被试感知情景材料强调参与闲置物品回收避免产生损失的程度显著高于收益，t（141）=-7.605，p=0.000。本实验中信息框架操控成功。

（2）假设检验。

首先，以信息框架（得益框架VS. 损失框架）为自变量，分别以绿色消费意愿、二手产品购买意愿、亲社会意愿、节约行为、垃圾分类回收意愿为因变量，利用方差分析检验两种信息框架下消费者闲置物品回收行为产生溢出效应的差异。单因素方差分析结果显示：

与采用得益框架（$M_{得益}=4.698$）相比，当闲置物品回收行为以损失框架（$M_{损失}=4.936$）进行表述时，消费者表现出更强的绿色消费意愿，F（1，141）=6.205，p=0.014。无论闲置物品回收行为采用得益框架（$M_{得益}=3.927$）还是损失框架（$M_{损失}=3.787$）进行表述，消费者的二手产品购买意愿没有呈现出显著差异，F（1，141）=0.606，p=0.438。无论闲置物品回收行为采用得益框架（$M_{得益}=4.520$）还是损失框架（$M_{损失}=4.417$）进行表述，消费者的亲社会意愿没有显著差异，F（1，141）=0.519，p=0.472。与得益框架（$M_{得益}=5.019$）相比，当闲置物品回收行为以损失框架（$M_{损失}=5.218$）进行表述时，消费者表现出更强的节约行为，F（1，141）=4.644，p=0.033。与得益框架（$M_{得益}=4.967$）相比，当闲置物品回收行为以损失框架（$M_{损失}=5.559$）进行表述时，消费者的垃圾分类回收意愿更强，F（1，141）=13.837，p=0.000。

结合实验八的研究结果，本书认为，相较于得益框架，消费者的闲置物品回收行为以损失框架进行表述时引发的溢出效应更强。如图7.2所示，假设H11得到数据支撑。

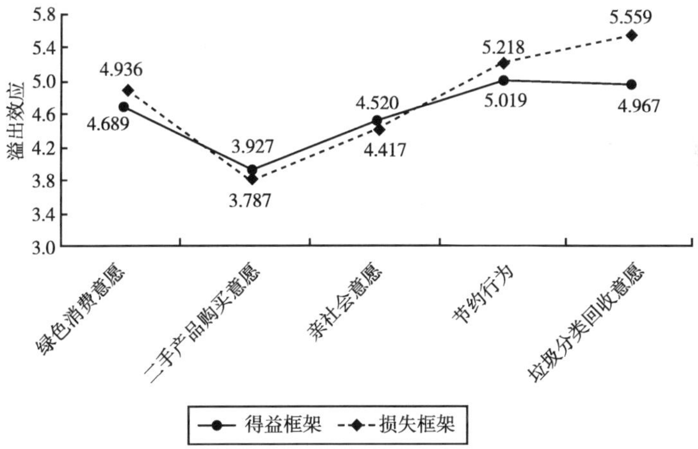

图7.2 不同信息框架下溢出效应对比分析

其次，检验感知影响和环保意识的中介效应。以信息框架为自变量感知影响为因变量进行方差分析。结果显示，信息框架的主效应显著，损失框架（$M_{损失}=5.123$）下消费者的感知影响显著高于得益框架（$M_{得益}=4.622$），F（1，141）=18.498，p=0.000。以信息框架为自变量，绿色消费意愿、节约行为以及垃圾分类回收意愿三个变量的均值为因变量，以感知影响为中介变量。参照Zhao等（2010）提出的中介效应检验方法，利用Hayes（2013）提出的中介效应检验模型4对感知影响进行Bootstrap中介效应检验，样本量选择5000，置信区间选择95%。结果表明，感知影响的确中介了信息框架与消费者闲置物品回收行为溢出效应间的关系，中介效应大小为0.0691，置信区间（0.0148，0.1522）不包含0。控制了中介变量感知影响后，自变量信息框架对因变量溢出效应的作用依然显著，置信区间（0.0115，0.3089）不包含0。上述分析表明，感知影响在信息框架对消费者闲置物品回收行为溢出效应的影响中发挥了部分中介的作用。如图 7.3 所示，假设 H12 得到数据支持。

同理，利用 Hayes（2013）提出的中介效应检验模型 4 对环保意识进行 Bootstrap 中介效应检验，样本量选择 5000，置信区间选择 95%。结果表明，环保意识在信息框架与消费者闲置物品回收行为溢出效应间关系中没有起到中介作用，中介效应检验的置信区间（-0.0040，0.0486）包含 0。上述分析表明，环保意识在信息框架对消费者闲置物品回收行为溢出效应的影响中没有发挥中介作用，假设 H13 没有得到数据支持。

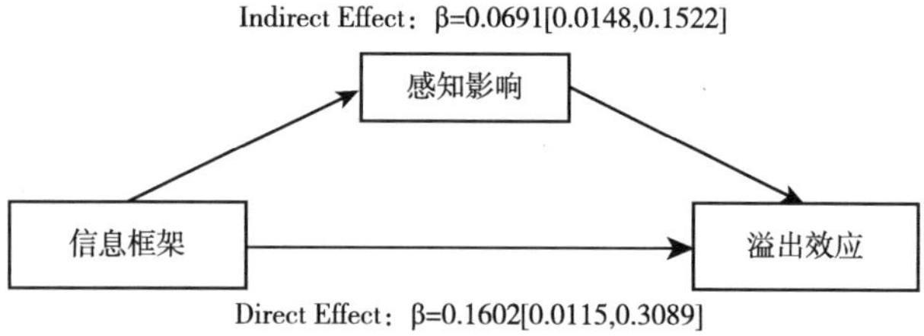

图 7.3　感知影响的中介效应检验结果

上述分析表明，感知影响在信息框架与溢出效应间关系中起到了中介作用，环保意识未起到中介作用。为了检验在信息框架影响溢出效应的过程中，信息框架通过提升消费者对自身闲置物品回收行为产生的感知影响进一步增强其环保意识导致的溢出效应水平增强。利用 Hayes（2013）提出的中介效应检验模型 6 对“信息框架—感知影响—环保意识—溢出效应”的链式中介效应进行 Bootstrap 检验，样本量选择 5000，置信区间选择 95%。检验结果表明，感知影响和环保意识在信息框架对溢出效应的影响中未起到链式中介的作用，置信区间（-0.0122，0.0026）包含 0。假设 H14 未得到数据支持。同时，模型 6 的检验结果也证明了感知影响在信息框架与溢出效应的作用过程中起到了中介作用，环保意识在信息框架与溢出效应的作用过程中未起到中介作用。

上述检验结果说明，信息框架未能通过感知影响和环保意识作用于溢出效应。本实验再次利用 Hayes（2013）提出的中介效应检验模型 6 对信息框架能否通过“信息框架—环保意识—感知影响—溢出效应”这条路径作用于溢出效应进行了 Bootstrap 检验，样本量选择 5000，置信区间选择 95%。检验结果表明，信息框架未通过该条路径作用于溢出效应，置信区间为（-0.0119，0.0014），包含 0。

7.2.3　结果讨论

实验九基于信息框架理论分析了事后干预策略中的信息框架策略对消费者闲置物品回收行为溢出效应的干预机制，研究结果支持了假设 H11 和假设 H12，未支持 H13 和 H14。

（1）相较于得益框架，损失框架对绿色消费意愿、节约行为和垃圾分类回收意愿产生的溢出效应更强；两种信息框架对二手产品购买意愿、亲社会意愿的溢出效应不存在明显差异。这说明，一方面与聚焦于积极结果的得益框架相比，信息反馈策略聚焦于强调闲置物品回收行为避免消极结果的损失框架更能增强该行为的诊断性，进而引发闲置物品回收行为在其他行为上的泛化；另一方面信息反馈策略难以提升消费者闲置物品回收行为对非环保相关亲社会行为的溢出效应。

（2）相较于得益框架，损失框架引发消费者感知自身行为的影响更强，感知影响在损失框架对溢出效应的影响中起到了中介作用；得益框架不能显著提升消费者对自身行为的感知影响，感知影响在得益框架对溢出效应的影响中不起中介作用。

（3）信息框架不能通过“信息框架—环保意识—溢出效应”“信息框架—感知影响—环保意识—溢出效应”及“信息框架—环保意识—感知影响—溢出效应”这三条路径影响闲置物品回收行为产生溢出效应的效果。内在的环保意识能够让消费者更容易意识到亲社会行为产生的价值，增强其亲社会行为意愿或行为（吴波等，2016）。闲置物品回收过程中如何通过增强消费者的环保意识促使消费者形成践行亲社会行为的习惯未来值得深入挖掘。

7.3 检验目标进展的边界作用

实验十采用2信息框架（得益VS. 损失）×2目标进展（高VS. 低）的双因素组间实验设计，因变量为绿色消费意愿、节约行为以及垃圾分类回收意愿。实验十通过实地邀请普通消费者参与实验，并在实验过程中向被试承诺调研分析针对总体而非个体消费者层面，调研结果仅用于学术研究且严格保密。问卷填写完成后请被试留下支付宝号码，调研人员在24小时内向被试转账5元钱作为报酬。

7.3.1 实验设计与过程

正式实验包含三部分。第一部分参照Steinhorst等（2015）以及Jordan等（2011）的实验设计方法对被试进行信息干预。为了提升实验的真实性，增强被试的情景卷入度，首先请被试阅读一段中国扶贫基金会与北京师范大学中国公益研究院联合发布的真实调研报告。阅读完调研报告后对被试实施正式的信息干预。在目标进展干预中，高目标进展完成了目标的70%，有30%的目标尚未完成；低目标进展完成了目标的30%，有70%的目标尚未完成。具体的调研报告材料和信息刺激材料如下：

得益框架组调研报告为：中国扶贫基金会、北京师范大学中国公益研究院于2018年5月联合发布针对中西部贫困地区的《乡村儿童阅读报告》显示：高达74%的受访乡村儿童一年阅读的课外读物不足10本；更有超过36%的儿童一年只读了不到3本书；超过71%的乡村家庭藏书不足10本，一本课外读物都没有的乡村儿童占比接近20%。儿童时期是培养孩子阅读的最佳时期，如果这些贫困地区的儿童能够有足够的图书进行阅读，他们的阅读水平、智力水平等将会得到显著提升。

损失框架组调研报告为：中国扶贫基金会、北京师范大学中国公益研究院于2018年5月联合发布针对中西部贫困地区的《乡村儿童阅读报告》

显示：……一本课外读物都没有的乡村儿童占比接近20%。儿童时期是培养孩子阅读的最佳时期，如果这些贫困地区的儿童没有足够的图书进行阅读，他们的阅读水平、智力水平等将会显著低于平均水平。

得益框架/高目标进展组干预信息为：11月20日是国际儿童日，为了唤起人们对儿童教育的关注，闲置物品回收平台“ELEG”发起并实施了“乡村阅读计划”项目。该项目的目标是向社会回收闲置的儿童图书100000册，目前该项目已经完成了计划目标的70%，有30%的目标尚未完成。知道该消息后，您通过该平台将您闲置的儿童图书进行了回收。您的闲置图书回收行为，既增加了贫困地区儿童阅读识字的机会，也提升了资源的利用价值，履行了可持续发展的环保责任。

损失框架/低目标进展组干预信息为：11月20日是国际儿童日，为了唤起人们对儿童教育的关注，闲置物品回收平台“ELEG”发起并实施了“乡村阅读计划”项目。该项目的目标是向社会回收闲置的儿童图书100000册，目前项目已经完成了计划目标的30%，有70%的目标尚未完成。知道该消息后，您通过该平台将您闲置的儿童图书进行了回收。您的闲置图书回收行为，既减少了贫困地区儿童阅读识字难的烦恼，也避免了资源浪费，履行了可持续发展的环保责任。

阅读完信息刺激材料后请被试通过“您在多大程度上认为，上述情景材料描述的是参与闲置物品回收获得了积极结果；您在多大程度上认为，上述情景材料描述的是参与闲置物品回收避免了消极结果”两个题项完成对刺激材料信息类型的评价。利用“您认为该项目完成计划目标的程度如何”检验被试的目标进展感知。为了避免被试猜到实验目的，绿色消费意愿、节约行为以及垃圾分类回收意愿三个因变量测试之前告知被试为了节约调研成本，课题组将几个不相关的调研组合到一起进行调研，请被试继续认真完成以下测试题项。因变量测试题项同实验九相同，所有测试题项均采用李克特7级量表进行测量。

最后要求被试回答自己的性别、年龄、职业、受教育程度和支付宝账号五个题项。本实验预设每组回收问卷50份，共回收问卷200份。剔除个人信息不完整，操控检验逻辑不通的问卷13份，主体问题部分作答不完整、连续大量题项选择一个选项的问卷 18 份，实验十共收集到有效问卷 169 份。其中男性 81 人，占比为 47.93%，年龄主要集中在 19 ~ 35 岁之间，占比为 83.43%，与二手电商平台消费者群体特征基本一致。具体的人口统计学特征如表 7.6 所示。

表 7.6　　　　被试的基本特征分析

变量	特征	数量	比例（%）
性别	男	81	47.93
	女	88	52.07
年龄	≤18 岁	2	1.18
	19 ~ 25 岁	40	23.67
	26 ~ 30 岁	67	39.64
	31 ~ 35 岁	34	20.12
	36 ~ 40 岁	16	9.47
	≥41 岁	10	5.92

变量	特征	数量	比例（%）
职业	学生	26	15.38
	企、事业单位员工	97	57.40
	政府公务员	10	5.92
	自由职业者	35	20.71
	其他	1	0.59
受教育程度	高中及以下	9	5.33
	大专及同等学历	47	27.81
	本科	95	56.21
	硕士及以上	18	10.65

7.3.2　数据分析与结果

（1）信度分析与操控检验。

本实验采用 Cronbach's α 值对各个变量测量量表进行信度分析。为了保证信息刺激材料中的信息框架和目标进展能代表特定的信息框架类型和目标进展水平，本实验采用 t 检验的方法分别对刺激材料的信息框架类型和目标进展水平进行了操控检验。

首先，对各个变量进行信度分析。结果显示，绿色消费意愿、节约行为以及垃圾分类回收意愿测量量表的 Cronbach's α 值分别为 0.858、0.849、0.812，量表的信度良好。

其次，对信息框架类型进行操控检验。独立样本 t 检验显示，得益框架下被试感知情景材料强调参与闲置物品回收获得了积极结果（$M_{得益}$ = 5.094）的程度显著高于损失框架（$M_{损失}$ = 4.357），t（167）= 4.768，p =

0.000；损失框架下被试感知广告强调参与闲置物品回收避免产生消极结果（$M_{损失}=5.095$）的程度显著高于得益框架（$M_{得益}=4.400$），$t(167)=-5.169, p=0.000$。配对样本 t 检验显示，得益框架下被试感知情景材料强调参与闲置物品回收获得积极结果的程度显著高于避免消极结果，$t(84)=6.251$，$p=0.000$。损失框架下被试感知情景材料强调参与闲置物品回收避免产生消极结果的程度显著高于获得积极结果，$t(83)=-5.924$，$p=0.000$。本实验中信息框架操控成功。

最后，对目标进展进行操控检验，独立样本 t 检验显示，高目标进展（$M_{高目标}=4.915$）下被试感知目标进展水平显著高于低目标进展（$M_{低目标}=3.402$），$t(167)=9.378$，$p=0.000$。本实验中目标进展操控成功。

（2）假设检验。

以绿色消费意愿为因变量的方差分析结果表明，信息框架的主效应显著，损失框架下消费者表现出更强的绿色消费意愿，$F(1, 165)=4.025$，$p=0.046$；目标进展的主效应不显著，$p>0.05$；信息框架与目标进展的交互效应显著，$F(1, 165)=15.797$，$p=0.000$。进一步的简单效应检验结果显示，在高目标进展下，得益框架（$M_{得益}=5.008$）与损失框架（$M_{损失}=4.756$）对绿色消费意愿的影响不存在显著差异，$F(1, 166)=1.89$，$p>0.05$；在低目标进展下，损失框架（$M_{损失}=5.364$）对绿色消费意愿的影响显著高于得益框架（$M_{得益}=4.599$），$F(1, 166)=18.42$，$p=0.000$。

以节约行为为因变量的方差分析结果表明，信息框架的主效应显著，损失框架下消费者表现出更强的节约行为，$F(1, 165)=4.772$，$p=0.030$；目标进展的主效应不显著，$p>0.05$；信息框架与目标进展的交互效应显著，$F(1, 165)=19.747$，$p=0.000$。进一步的简单效应检验结果显示，在高目标进展下，得益框架（$M_{得益}=5.185$）与损失框架（$M_{损失}=4.981$）对节约行为的影响不存在显著差异，$F(1, 166)=2.49$，$p>0.05$；在低目标进展下，损失框架（$M_{损失}=5.447$）对节约行为的影响显著高于得益框架（$M_{得益}=4.846$），$F(1, 166)=22.65$，$p=0.000$。

以垃圾分类回收意愿为因变量的方差分析结果表明，信息框架的主效应显著，损失框架下消费者表现出更强的垃圾分类回收意愿，$F(1, 165)=$

4.176，$p=0.043$；目标进展的主效应不显著，$p>0.05$；信息框架与目标进展的交互效应不显著，$p>0.05$。但是，进一步的简单效应检验显示，在高目标进展下，得益框架（$M_{得益}=5.646$）与损失框架（$M_{损失}=5.756$）对垃圾分类回收意愿的影响不存在显著差异，$F(1, 166)=0.52$，$p>0.05$；在低目标进展下，损失框架（$M_{损失}=5.744$）对节约行为的影响显著高于得益框架（$M_{得益}=5.421$），$F(1, 166)=4.83$，$p=0.029$。

以三个变量的均值为因变量的方差分析结果表明，信息框架的主效应显著，损失框架下消费者闲置物品回收行为引发的溢出效应更强（$M_{损失}=5.280$，$M_{得益}=5.049$），$F(1, 165)=11.599$，$p=0.001$，重复验证了实验九的研究结果；目标进展的主效应不显著，$p>0.05$；信息框架与目标进展的交互效应显著，$F(1, 165)=33.967$，$p=0.000$。进一步的简单效应检验显示，在高目标进展下，得益框架（$M_{得益}=5.224$）与损失框架（$M_{损失}=5.068$）对溢出效应的影响不存在显著差异，$F(1, 166)=2.86$，$p>0.05$；在低目标进展下，损失框架（$M_{损失}=5.481$）对溢出效应的影响显著高于得益框架（$M_{得益}=4.886$），$F(1, 166)=23.45$，$p=0.000$。如图 7.4 所示，假设 H15 得到部分支持。

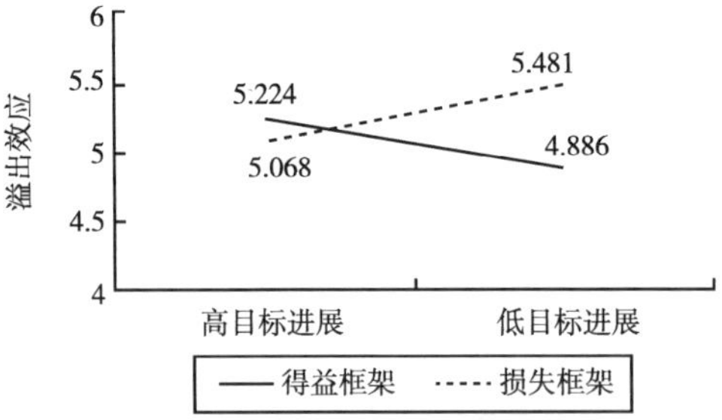

图 7.4　信息框架与目标进展交互作用下回收行为的溢出效应分析

上述分析结果表明，目标进展水平对信息框架作用于溢出效应的结果存在调节作用。具体而言，在高目标进展水平下，无论是聚焦于积极结果的得益框架还是聚焦于消极结果的损失框架对溢出效应的影响不存在显著差异；在低目标进展水平下，聚焦于消极结果的损失框架更能引发闲置物品回收行为在其他行为上的泛化。

7.3.3 结果讨论

实验十重复验证了实验九的研究结果，并从目标进展的角度深入分析了商业实践中普遍存在的目标进展信息如何影响信息框架作用于闲置物品回收行为溢出效应的效果。研究结果部分支持假设 H15。

本书实验八的研究结果表明，消费者的闲置物品回收行为的确能够产生正向溢出效应，且对与闲置物品回收行为可接近性更强的与环保相关的亲社会行为产生的正向溢出效应更明显。聚焦于信息框架策略对溢出效应干预效果的探究，实验九的进一步探究发现，信息框架策略中的损失框架直接或通过诱发消费者对自身回收行为产生的感知影响间接提升了回收行为产生溢出效应的水平。基于对现实情境中目标进展水平作用效果的探究，实验十的研究结果证实，目标进展水平无法单独改变闲置物品回收行为产生溢出效应的效果，其能够通过改变消费者的认知进而作用于信息框架对溢出效应的干预效果。

本书利用实验八到实验十检验了假设 H10 到假设 H15，阐明了消费者闲置物品回收行为产生溢出效应的方向以及对不同类型亲社会行为产生溢出效应的差异，厘清了信息干预视角下信息框架直接或通过感知影响间接干预消费者闲置物品回收行为产生溢出效应的过程机制和边界条件。至此本书所有假设检验完成。本书通过第 8 章对整体研究结果进行总结，指出本书做出的理论贡献，并基于研究结果对实践者提出管理启示，最后为未来研究指明方向。

第 8 章　研究结论与展望

为促进资源的有效利用，引导社会力量积极参与到闲置物品回收领域，创造更大的生态、经济和社会价值。本书以“互联网 + 回收”商业模式为研究背景，通过对消费者回收行为相关文献进行系统梳理，结合当前商业实践中面临的问题，提出了本书的研究题目——消费者闲置物品回收参与意愿及溢出效应研究。基于理论推演、假设提出、概念模型构建以及实验检验，提出以下研究结论、理论贡献、研究启示与展望。

8.1　研究结论

（1）阐明了信息框架与自我构建交互效应的作用机制。

得益框架的信息诉求点与独立自我消费者的价值取向存在较高的契合度，这导致得益框架信息对独立自我消费者闲置物品回收参与意愿的说服效果更好；损失框架的信息诉求点与相依自我消费者的价值取向存在较高的契合度，这导致损失框架信息对相依自我消费者闲置物品回收参与意愿的说服效果更好。信息框架与自我构建的匹配性会强化消费者主观上的信息处理流畅性感知，这种感知在信息框架与自我构建对参与意愿的交互效应中起到了中介作用。

（2）提出了信息框架、自我构建、回收方式三者之间协同的调节匹配形式。

回收方式与自我构建以及回收方式与信息框架之间不存在两两匹配效应。一方面，独立自我消费者偏好闲置赚钱的回收方式；相依自我消费者对闲置赚钱和闲置赠送两种回收方式没有表现出明显的偏好差异。另一方面，在闲置赠送方式下，得益框架与损失框架对消费者闲置物品回收参与意愿的说服效果不存在显著差异；在闲置赚钱方式下，得益框架对消费者闲置物品回收参与意愿的说服效果优于损失框架。在得益框架下，闲置赚钱的回收方式对消费者闲置物品回收参与意愿的激励效果更好；在损失框架下，闲置赚钱和闲置赠送两种回收方式对消费者闲置物品回收参与意愿的作用效果没有显著差异。

回收方式通过改变消费者的认知促使信息框架、自我构建、回收方式三者之间形成了协同的调节匹配形式，对于独立自我的消费者，闲置赚钱方式下得益框架对其闲置物品回收参与意愿的作用效果依然显著，这一效果在闲置赠送的方式下不显著。对于相依自我的消费者，闲置赠送方式下损失框架对其闲置物品回收参与意愿的作用效果依然显著，这一效果在闲置赚钱的方式下不显著。

（3）识别了激励低卷入度消费者参与闲置物品回收的信息框架策略。

消费者认为闲置物品回收与自身的相关程度越高，越倾向于参与闲置物品回收，得益框架与损失框架策略对其参与意愿的影响存在闲置差异。但是产品依恋能够改变上述作用效果，即高产品依恋情境下，得益框架对高卷入度消费者闲置物品回收参与意愿的说服效果强于损失框架。损失框架策略在激发低卷入度消费者参与闲置物品回收方面起到了关键作用。其主要原因在于，损失框架信息策略引发低卷入度消费者感知自身的闲置物品回收行为产生了影响，且这一感知越强，其越愿意参与闲置物品回收。

（4）验证了闲置物品回收行为产生的溢出效应。

消费者的闲置物品回收行为未促使其因“道德许可”而降低践行其他环保行为的可能性。消费者的闲置物品回收行为能够激活其亲社会行为动机，促使其做出更多的亲社会行为，且相比非环保类的亲社会行为，闲置物品回收行为对与之可接近性更强或相似性更高的与环保相关的生态行为的溢出效应更强。

（5）提出了信息框架干预闲置物品回收行为溢出效应的作用机制。

聚焦于消极结果的损失框架信息直接或通过刺激消费者对自身行为产

生的感知影响引发闲置物品回收行为在其他行为上的泛化，这一结果在目标进展水平较低的情况下依然成立。在目标进展水平较高的情况下，强调回收行为产生积极结果的得益框架或避免消极结果的损失框架对溢出效应的作用效果不存在显著差异。

8.2 理论贡献

（1）拓展了自我构建理论、信息框架理论在营销科学中的应用范畴。

本书创新性地将自我构建理论、信息框架理论引入闲置物品回收情境中，挖掘出了激发消费者闲置物品回收参与意愿最大化的途径，具有一定的理论意义。已有学者探究了自我构建或信息框架以及两者同其他变量共同作用于消费者心理与行为的机制，研究尚未关注信息框架和自我构建的匹配效应在促进消费者闲置物品回收参与意愿方面的效果。本书通过启动被试的自我构建导向，向其呈现采用不同信息表述方式描述的闲置物品回收信息，分析了不同自我构建类型消费者在特定信息框架下产生闲置物品回收参与意愿的内在心理过程。研究结论深化了自我构建和信息框架匹配效应的研究，拓展了自我构建理论和信息框架效应在绿色营销、亲社会行为研究领域的应用范围。

（2）深化了消费者行为领域关于回收的相关研究。

一方面，聚焦于传统垃圾等废弃物品回收的研究，缺乏对消费者的细分研究，也未考虑回收方式对消费者心理和行为可能起到的干扰或驱动作用。基于消费者心理的角度，通过引入回收方式这一变量，本书探索了贴近“互联网+回收”实际情境的消费者闲置物品回收参与意愿。另一方面，通过关注消费者和产品之间的情感联系，扩展了现有对产品回收或处置决策相关研究的视角。Trudel 等（2016）的研究证明，产品与消费者之间的身份联结强度会影响个体的回收或丢弃决定，因为将身份相关的产品扔进垃圾桶会构成身份威胁。而他们的研究并没有考虑到产品和消费者之间的情感联系（即产品依恋），且他们的研究客体是废弃物品。我们的研究结果表明，产品依恋是信息框架对差异化消费者回收参与意愿影响的显著调节变量，从而弥补了这一差距。

（3）验证了闲置物品回收行为产生的溢出效应。

溢出效应作为一种增强或改变行为的新方法，其可能对促进消费者的环境保护和资源节约行为具有重大意义。以往关于回收的研究多关注影响消费者回收行为意愿或行为的前置变量，很少关注回收产生的后置结果。在现实生活中，消费者的行为决策不是发生在真空环境中，而是很可能受到过去或历史行为的影响。基于一致性理论和道德许可效应等机制探索消费者亲社会行为溢出效应的研究结论存在矛盾。本书得出了消费者的闲置物品回收行为更可能向与之可接近性更强的生态行为积极溢出，对与之可接近性较弱的非环保类亲社会行为的溢出效应不明显。研究结果说明，消费者的闲置物品回收行为激发了正向溢出效应的结论与基于行为一致性理论产生溢出效应的相关研究结论相同，同时也说明消费者亲社会行为溢出效应会受到其他因素的影响。研究结论为亲社会行为领域溢出效应矛盾结论的揭开增加了理论支撑。

（4）丰富了溢出效应干预机制的研究。

已有关于环保行为溢出效应的研究，一方面仅关注某一种行为对该领域另一种或几种行为产生的溢出效应，对信息干预策略在其中起到作用的探究较少，且未有探索不同信息反馈策略对溢出效应的促进或抑制作用以及出现促进或抑制作用的原因。另一方面聚焦于传统环境下个体环保行为产生的溢出效应，与传统环境下个体可能会受到社会公众的“监督”不同，网络环境下消费者的行为更多的是一种自发的“隐蔽”行为，不会受到社会公众的“监督”。这导致传统环境下个体环保行为产生溢出效应的研究难以直接用于解释网络环境下消费者行为产生的溢出效应。本书以“互联网 +”环境下的闲置物品回收为研究主题，找到了信息框架作用于消费者闲置物品回收行为溢出效应的机制，为溢出效应相关研究提供了新的视角。

8.3 研究启示

本书对消费者参与闲置物品回收的前因变量和后置结果进行了探究。针对实践者提出以下管理启示。

（1）设计与消费者自我构建类型相匹配的信息策略。

信息框架与自我构建交互影响消费者的闲置物品回收参与意愿。闲置物品回收平台在设计营销宣传信息时，应考虑到信息框架与消费者自我构建类型的匹配性。具体而言，若受众是独立自我消费者，营销宣传策略强调闲置物品回收的好处或积极结果有利于刺激其闲置物品回收参与意愿；若受众是相依自我消费者，营销宣传策略强调闲置物品回收可能避免的损失或消极结果有利于刺激其闲置物品回收参与意愿。在跨文化层次上，中国文化背景下，大部分消费者是相依自我占据主导地位的消费者；在西方文化背景下，大部分消费者是独立自我占据主导地位的消费者。在亚文化层次上，可以根据原始产品市场定位、区域等的不同区分企业的目标群体。因原始产品市场定位和设计的独特性，购买高端产品或奢侈品的消费者一般表现出更强的独立自我，回收这类产品，得益框架的信息策略较为合适。

在闲置物品回收平台无法准确感知消费者自我构建类型的情况下，一方面可以通过用户的自画像推测用户的自我构建类型。张红霞等（2013）的研究指出，可以根据年龄和地域对中国消费者进行分类，出生在乡镇的青少年更倾向于相依自我构建导向，出生在大城市的青少年更倾向于独立自我构建导向，中年人更倾向于相依自我构建导向。另一方面可以通过情境引导的方式诱发消费者的自我构建导向，提升消费者自我构建类型与信息类型的匹配程度。

（2）正确选择闲置物品回收方式。

对于闲置物品回收，闲置赚钱的回收方式并不一定优于闲置赠送，同时后者也不一定优于前者。对消费者而言，闲置赚钱不能与收益等同，闲置赠送不代表损失。具体怎样的回收方式对消费者闲置物品回收参与意愿的激励效果更强，取决于商家采取的营销信息沟通策略以及消费者的自我构建类型。闲置物品回收平台在设计回收方式时，应同时考虑回收方式、消费者自我构建类型以及信息框架三者共同作用下的消费者闲置物品回收参与意愿。具体而言，针对独立自我的消费者，采用闲置赚钱的回收方式且在营销沟通中突出参与闲置物品回收能够获得的收益或积极结果；针对相依自我的消费者，采取闲置赠送的回收方式且在营销沟通中强调参与闲置物品回收能够避免的损失或消极结果。

（3）关注消费者与闲置物品之间的情感联系。

回收卷入度越高，产品依恋强度越强，消费者参与闲置物品回收的意愿越强。对低卷入度消费者，商家可以聚焦于传播扩散闲置物品回收避免的损失或消极结果，进而提升消费者参与闲置物品回收的意愿。此外，商家在营销宣传中可以通过产品自述的方式唤起消费者与闲置物品之间愉悦的回忆（例如，闲鱼的广告“别让我闲着”），进而增强消费者与闲置物品之间的情感联系，唤起他们参与闲置物品回收的意愿。

（4）有效管理和利用闲置物品回收产生的溢出效应。

消费者的行为过程是与储存在记忆中的观念、目标取向、特征等相关联的复杂系统过程，行为动机的激活会促使其做出与自我概念相一致的行为，并且时刻警惕与自我概念不一致的行为。消费者的闲置物品回收行为能够促进消费者的垃圾分类回收参与意愿、节约行为以及绿色产品购买意愿，搜索型闲置物品的回收行为在一定程度上能够增强消费者购买二手产品的意愿，闲置物品回收行为对亲社会行为意愿的促进作用不明显。一方面，基于一致性的溢出最可能影响与溢出源行为具有符号相似性的行为。一旦最初的一小步沉淀并内在化成为新的行为基准，闲置物品回收行为所产生的溢出效应就能够促使消费者为改善环境做更多的事情，最终形成保护环境的目标信念。另一方面，二手产品是闲置物品回收的重要组成部分，市场上的产品质量参差不齐，消费者购买过程中可能产生较大的经济成本和精神成本，政府和企业应出台鼓励性政策刺激消费者熟悉二手产品市场，并鼓励消费者回收和购买二手产品，增强闲置物品市场的流通效率，提升消费者参与闲置物品回收和购买带来的社会效益和经济价值。同时，因消费者的闲置物品回收行为提升了其购买绿色产品的意愿，闲置物品回收平台可以考虑向用户个性化推荐绿色产品的广告信息。通过广告赚取的利润不仅可以弥补平台回收闲置物品产生的成本，而且可以补贴回收平台在消费者市场调研、营销信息沟通战略设计、网站运营等方面产生的费用。

（5）精准使用事后信息干预策略。

事后信息反馈策略中的损失框架策略直接或通过增强消费者感知自身闲置物品回收行为产生的影响间接增强了闲置物品回收行为产生的溢出效应。回收平台可以考虑在消费者参与闲置物品回收以后运用损失框架的信息沟通策略强调其回收行为能够避免的损失或消极影响，让其感知自身的回收行为对他人、社会或环境真正产生了较大的影响效果进而增强其践行其他亲社会行为的可能性。例如，在消费者参与闲置图书回收后，告知消费者其图书回收行为让多少棵树避免了被乱砍滥伐的命运，让贫困地区儿童的文盲率降低了多少等。在项目回收目标进展水平较低的情况下，该策略的作用效果显著优于聚焦于积极结果或获得收益的得益框架。

8.4 研究展望

本书揭示了自我构建、信息框架、回收方式对消费者闲置物品回收参与意愿的劝服效果，识别了消费者闲置物品回收行为产生溢出效应的方向和干预机制，能够为“互联网+回收”商业模式下企业实践提供理论指导，为回收领域学者的研究提供思路和方法借鉴。闲置物品回收的研究尚属于初步探索，未来仍然有很多有价值的问题值得深入挖掘：

第一，闲置物品回收平台的发展尚处于萌芽期，在未来的社会发展中，消费者的闲置物品回收行为可能会受到诸多因素的影响，后续研究可加入其他因素对消费者的闲置物品回收参与意愿进行探讨。第二，本书证实了闲置物品回收行为能够提升消费者的绿色消费意愿、节约行为以及垃圾分类回收意愿，未来可以验证这些行为对闲置物品回收行为能否产生溢出效应，增加行为溢出效应相关的研究成果，为行为溢出效应理论矛盾结论的揭开进一步提供理论支撑。第三，本书从营销学的角度探究了消费者的闲置物品回收行为意愿和行为溢出，消费者的闲置物品回收行为属于亲社会行为的一种，未来可以从社会学的角度对其进行进一步的探究。

参考文献

[1] Aaker J, Lee A. "I" seek pleasures and "we" avoid pains: The role of self－regulatory goals in information processing and persuasion [J]. Journal of Consumer Research, 2001, 28 (1): 33－49.

[2] Agrawal N, Maheswaran D. The effects of self－construal and commitment on persuasion [J]. Journal of Consumer Research, 2005, 31 (4): 841－849.

[3] Ahluwalia R, Burnkrant R E, Unnava H R. Consumer response to negative publicity: The moderating role of commitment [J]. Journal of Marketing Research, 2000, 37 (2): 203－214.

[4] Ahluwalia R, Unnava H R, Burnkrant R E. The moderating role of commitment on the spillover effect of marketing communications [J]. Journal of Marketing Research, 2001, 38 (4): 458－470.

[5] Ajzen I. The theory of planned behavior [J]. Organizational Behavior and Human Decision Processes, 1991, 50 (2): 179－211.

[6] Akter S, D'Ambra J, Ray P. Development and validation of an instrument to measure user perceived service quality of mHealth [J]. Information & Management, 2013, 50 (4): 181－195.

[7] Anderson E T, Simester D. Advertising in a competitive market: The role of product standards, customer learning, and switching costs [J]. Journal of Marketing Research, 2013, 50 (4): 489－504.

[8] Andrews A, Gregoire M, Rasmussen H, et al. Comparison of recycling outcomes in three types of recycling collection units [J]. Waste Management, 2013, 33 (3): 530－535.

[9] Anghelcev G, Sar S. In the mood for the right kind of social marketing communication: How congruity between consumer mood and message framing influences intentions to recycle [J]. Journal of Social Marketing, 2014, 4 (1): 38 -57.

[10] Apanovitch A M, Mccarthy D, Salovey P. Using message framing to motivate HIV testing among low - income, ethnic minority women [J]. Health Psychology, 2003, 22 (1): 60 -67.

[11] Arias C, Trujillo C A. Perceived consumer effectiveness as a trigger of behavioral spillover effects: A path towards recycling [J]. Sustainability, 2020, 12 (11): 1 -17.

[12] Ashenmiller B. Cash Recycling, Waste disposal costs, and the incomes of the working poor: Evidence from California [J]. Land Economics, 2009, 85 (3): 539 -551.

[13] Atakan S S, Bagozzi R P, Yoon C. Make it your own: How process valence and self - construal affect evaluation of self - made products [J]. Psychology & Marketing, 2014, 31 (6): 451 -468.

[14] Baek T H, Yoon S. Guilt and shame: Environmental message framing effects [J]. Journal of Advertising, 2017, 46 (3): 440 -453.

[15] Bagozzi R P, Dabholkar P A. Consumer recycling goals and their effect on decisions to recycle: A means - end chain analysis [J]. Psychology and Marketing, 1994, 11 (4): 313 -340.

[16] Bagwell K. The economic analysis of advertising [R]. Working Paper. Department of Economics, Columbia University, 2005.

[17] Balbo L, Jeannot F. The fit between message framing and temporal distance: An efficient way to promote an innovative product [J]. Recherche Et Applications En Marketing, 2015, 30 (1): 28 -49.

[18] Ballantyne R, Packer J, Hughes K. Environmental awareness, interests and motives of botanic gardens visitors: Implications for interpretive practice [J]. Tourism Management, 2008, 29 (3): 439 -444.

[19] Bamberg S, Moser G. Twenty years after hines, hungerford, and tomera: A new meta – analysis of psycho – social determinants of pro – environmental behaviour [J]. Journal of Environmental Psychology, 2007, 27 (1): 14 –25.

[20] Barrett D W, Wosinska W, Butner J, et al. Individual differences in the motivation to comply across cultures: The impact of social obligation [J]. Personality & Individual Differences, 2004, 37 (1): 19 –31.

[21] Baxter J, Gram – Hanssen I. Environmental message framing: Enhancing consumer recycling of mobile phones [J]. Resources Conservation & Recycling, 2016, 109 (3): 96 –101.

[22] Best H, Mayerl J. Values, Beliefs, Attitudes: An Empirical Study on the Structure of Environmental Concern and Recycling Participation [J]. Social ence Quarterly, 2013, 94 (3): 691 –714.

[23] Bezzina F H, Dimech S. Investigating the determinants of recycling behaviour in Malta [J]. Management of Environmental Quality: An International Journal, 2011, 22 (4): 463 –485.

[24] Blanken I, Van D V N, Zeelenberg M. A meta – analytic review of moral licensing [J]. Personality and Social Psychology Bulletin, 2015, 41 (4): 540 –558.

[25] Blose J E, Mack R W, Pitts R E, et al. Exploring Young U. S. and Chinese Consumers' Motivations to Recycle [J]. Journal of International Consumer Marketing, 2020, 32 (2): 1 –14.

[26] Blose J E, Mack R W, Pitts R E. The influence of message framing on hotel guests' Linen – Reuse intentions [J]. Cornell Hospitality Quarterly, 2015, 56 (2): 145 –154.

[27] Borah A, Tellis G J. Halo effects in social media: Do product recalls hurt or help rival brands [J]. Journal of Marketing Research, 2016, 53 (2): 143 –160.

[28] Borthakur A, Govind M. Emerging trends in consumers' E – waste disposal

behaviour and awareness: A worldwide overview with special focus on India [J]. Resources Conservation & Recycling, 2017, 11 (2): 102 - 113.

[29] Brenton M W, Ones D S, Dilchert S. Age and environmental sustainability: A meta - analysis [J]. Journal of Managerial Psychology, 2013, 28 (7/8): 826 - 856.

[30] Britwum K, Yiannaka A. Consumer willingness to pay for food safety interventions: The role of message framing and issue involvement [J]. Food Policy, 2019, 86 (5): 1 - 14.

[31] Brodscholl J C, Kober H, Higgins E T. Strategies of self - regulation in goal attainment versus goal maintenance [J]. European Journal of Social Psychology, 2007, 37 (4): 628 - 648.

[32] Brough A R, Isaac M S. Finding a home for products we love: How buyer usage intent affects the pricing of used goods [J]. Journal of Marketing, 2012, 76 (4): 78 - 91.

[33] Bullard O, Manchanda R. Do sustainable products make us prevention focused? [J]. Marketing Letters, 2013, 24 (2): 177 - 189.

[34] Bullard O, Penner S. A regulatory - focused perspective on philanthropy: Promotion focus motivates giving to prevention - framed causes [J]. Journal of Business Research, 2017, 79: 173 - 180.

[35] Burger J, Caldwell D. The effects of monetary incentives and labeling on the foot - in - the - door effect: Evidence for a self - perception process [J]. Basic and Applied Social Psychology, 2003, 25 (3): 235 - 241.

[36] Burger A M, Schuler J, Eberling E. Guilty pleasures: Moral licensing in climate - related behavior [J]. Global Environmental Change, 2022, 72: 102415.

[37] Cao J, Chen Y, Shi B, et al. WEEE recycling in Zhejiang Province, China: generation, treatment, and public awareness [J]. Journal of Cleaner Production, 2016, 127 (1): 311 - 324.

[38] Cesario J, Grant H, Higgins E T. Regulatory fit and persuasion: Transfer

from “feeling right.” [J]. Journal of Personality and Social Psychology, 2004, 86 (3): 388 -404.
[39] Cesario J, Higgins E T, Scholer A A. Regulatory fit and persuasion: Basic principles and remaining questions [J]. Social & Personality Psychology Compass, 2008, 2 (1): 444 -463.
[40] Chan L, Bishop B. A moral basis for recycling: Extending the theory of planned behaviour [J]. Journal of Environmental Psychology, 2013, 36 (1): 96 -102.
[41] Chang H, Zhang L, Xie G X. Message framing in green advertising: The effect of construal level and consumer environmental concern [J]. International Journal of Advertising, 2015, 34 (1): 158 -176.
[42] Chatterjee P, Mcginnis J. Customized online promotions: Moderating effect of promotion type on deal value, perceived fairness, and purchase intent [J]. Journal of Applied Business Research, 2010, 26 (4): 13 -19.
[43] Chen Y S, Chang C H. Enhance green purchase intentions: The roles of green perceived value, green perceived risk, and green trust [J]. Management Decision, 2012, 50 (3): 502 -520.
[44] Chen, X P, Xu, S Y and Fan, J L Empirical methods in organization and management research (2th ed) [M]. Peking University Press, Beijing, 2012.
[45] Cheng L W, Bristol T, Mowen J C, et al. Alternative modes of self - construal: Dimensions of connectedness - separateness and advertising appeals to the cultural and gender - specific self [J]. Journal of Consumer Psychology, 2000, 9 (2): 107 -115.
[46] Cheng T, Woon D K, Lynes J K. The use of message framing in the promotion of environmentally sustainable behaviors [J]. Social Marketing Quarterly, 2011, 17 (2): 48 -62.
[47] Christian W, Claude M, Adrian B. Completed egoism and intended altruism boost healthy food choices [J]. Appetite, 2014, 77 (6): 38 -45.

[48] Chu P Y, Chiu J F. Factors influencing household waste recycling behavior: Test of an integrated model [J]. Journal of Applied Social Psychology, 2010, 33 (3): 604 – 626.

[49] Cornelissen G, Bashshur M R, Rode J, et al. Rules or consequences? The role of ethical mind – sets in moral dynamics [J]. Psychological Science, 2013, 24 (4): 482 – 488.

[50] Cornelissen G, Pandelaere M, Warlop L, et al. Positive cueing: Promoting sustainable consumer behavior by cueing common environmental behaviors as environmental [J]. International Journal of Research in Marketing, 2008, 25 (1): 47 – 55.

[51] Cox D, Cox A D. Communicating the consequences of early detection: The role of evidence and framing [J]. Journal of Marketing, 2001, 65 (3): 91 – 103.

[52] Cross S E, Bacon P L, Morris M L. The relational – interdependent self – construal and relationships [J]. Journal of Personality and Social Psychology, 2000, 78 (4): 791 – 808.

[53] Cryder C E, Loewenstein G, Scheines R. The donor is in the details [J]. Organizational Behavior & Human Decision Processes, 2013a, 120 (1): 15 – 23.

[54] Cryder C E, Loewenstein G, Seltman H. Goal gradient in helping behavior [J]. Journal of Experimental Social Psychology, 2013b, 49 (6): 1078 – 1083.

[55] Davis J L, Green J D, Reed A. Interdependence with the environment: Commitment, interconnectedness, and environmental behavior [J]. Journal of Environmental Psychology, 2009, 29 (2): 173 – 180.

[56] Dhanesh G S, Nekmat E. Facts over stories for involved publics: Framing effects in CSR messaging and the roles of issue involvement, message elaboration, affect, and skepticism [J]. Management Communication Quarterly, 2018, 33 (1): 7 – 38.

[57] Diamantopoulos A, Schlegelmilch B B, Sinkovics R R, et al. Can socio - demographics still play a role in profiling green consumers? A review of the evidence and empirical investigation [J]. Journal of Business Research, 2003, 56 (6): 465 - 480.

[58] Dickerson C A, Thibodeau R, Aronson E, et al. Using cognitive dissonance to encourage water conservation1 [J]. Journal of Applied Social Psychology, 1992, 22 (11): 841 - 854.

[59] Dixit S, Vaish A. Perceived barriers, collection models, incentives and consumer preferences: an exploratory study for effective implementation of reverse logistics [J]. International Journal of Logistics Systems & Management, 2015, 21 (3): 304 - 318.

[60] Dodds W B, Monroe K B, Grewal D. Effects of price, brand, and store information on buyers' product evaluations [J]. Journal of Marketing Research, 1991, 28 (3): 307 - 319.

[61] Dolan P, Galizzi M M. Like ripples on a pond: Behavioral spillovers and their implications for research and policy [J]. Journal of Economic Psychology, 2015, 47 (4): 1 - 16.

[62] Dong H K, Sung Y. Gucci versus old navy: Interplay of brand personality and regulatory focus in advertising persuasion [J]. Psychology and Marketing, 2013, 30 (12): 1076 - 1087.

[63] Ebreo A, Vining J. How similar are recycling and waste reduction? Future orientation and reasons for reducing waste as predictors of self - reported behavior [J]. Environment and Behavior, 2001, 33 (3): 424 - 448.

[64] Edwards A, Elwyn G, Covey J, et al. Presenting risk information a review of the effects of framing and other manipulations on patient outcomes [J]. Journal of Health Communication, 2001, 6 (1): 61 - 82.

[65] Ellingsen T, Johannesson M, Mollerstrom J, et al. Social framing effects: Preferences or beliefs [J]. Games and Economic Behavior, 2012, 76 (1): 117 - 130.

[66] Erlandsson A, Björklund F, Bäckström M. Emotional reactions, perceived impact and perceived responsibility mediate the identifiable victim effect, proportion dominance effect and in - group effect respectively [J]. Organizational Behavior and Human Decision Processes, 2015, 127 (1): 1 - 14.

[67] Eskine K J. Wholesome foods and wholesome morals? [J]. Social Psychological & Personality Science, 2013, 4 (2): 251 - 254.

[68] Evans L, Maio G R, Corner A, et al. Self - interest and pro - environmental behaviour [J]. Nature Climate Change, 2013, 3 (2): 122 - 125.

[69] Everett J W, Peirce J J. Social networks, socio - economic status, and environmental collective action: Residential curbside block leader recycling [J]. Journal of Environmental Systems, 1992 (1): 65 - 84.

[70] Ewing G. Altruistic, egoistic, and normative effects on curbside recycling [J]. Environment and Behavior, 2001, 33 (6): 733 - 764.

[71] Farr S J, Tremblay C H, Tremblay J. The welfare effect of advertising restrictions in the U. S. cigarette industry [J]. Review of Industrial Organization, 2001, 18 (2): 147 - 160.

[72] Feldman J M, Lynch J G. Self - generated validity and other effects of measurement on belief, attitude, intention, and behavior [J]. Journal of Applied Psychology, 1988, 73 (3): 421 - 435.

[73] Fernάndez - Portero C, Alarcόn D, Padura Á B. Dwelling conditions and life satisfaction of older people through residential satisfaction [J]. Journal of Environmental Psychology, 2017, 49 (1): 1 - 7.

[74] Fischer C. Feedback on household electricity consumption: A tool for saving energy? [J]. Energy Efficiency, 2008, 1 (1): 79 - 104.

[75] Fishbach A, Dhar R, Zhang Y. Subgoals as substitutes or complements: The role of goal accessibility. [J]. Journal of Personality and Social Psychology, 2006, 91 (2): 232 - 242.

[76] Florack A, Scarabis M, Gosejohann S. Regulatory focus and consumer information processing [J]. Kardes F R, Herr P M, Nantel J. (Eds.),

Applying social cognition to consumer – focused strategy. Hillsdale, NJ: Lawrence Erlbaum Associates, 2005: 235 –263.

[77] Freedman J L, Fraser S C. Compliance without pressure: The foot – in – the – door technique [J]. Journal of Personality and Social Psychology, 1966, 4 (2): 195 –202.

[78] Gallagher K M, Updegraff J A. Health message framing effects on attitudes, intentions, and behavior: a meta – analytic review [J]. Annals of Behavioral Medicine, 2012, 46 (1): 127 –127.

[79] Gamliel E, Herstein R. Effects of message framing and involvement on price deal effectiveness [J]. European Journal of Marketing, 2012, 46 (9): 1215 –1232.

[80] Gamliel, E. To end life or not to prolong life: The effect of message framing on attitudes toward euthanasia [J]. Journal of Health Psychology, 2013, 18 (5): 693 –703.

[81] Geiger J L, Steg L, Werff E, et al. A meta – analysis of factors related to recycling [J]. Journal of Environmental Psychology, 2019, 64 (4): 78 –97.

[82] Ghose B S. Reciprocal spillover effects: A strategic benefit of brand extensions [J]. Journal of Marketing, 2003, 67 (1): 4 –13.

[83] Gneezy A, Imas A, Brown A, et al. Paying to be nice: Consistency and costly prosocial behavior [J]. Management Science, 2012, 58 (1): 179 –187.

[84] Goldstein N J, Cialdini R B, Griskevicius V. A Room with a viewpoint: using social norms to motivate environmental conservation in hotels [J]. Journal of Consumer Research, 2008, 35 (3): 472 –482.

[85] Goodall C, Appiah O. Adolescents' perceptions of Canadian cigarette package warning labels: Investigating the effects of message framing [J]. Health Communication, 2008, 23 (2): 117 –127.

[86] Graham J, Nosek B A, Haidt J, et al. Mapping the moral domain [J].

Journal of Personality & Social Psychology, 2011, 28 (6): 968 -969.

[87] Graham J, Haidt J, Nosek B A. Liberals and conservatives rely on different sets of moral foundations [J]. Journal of Personality and Social Psychology, 2009, 96 (5): 1029 -1046.

[88] Grant A M, Campbell E M, Chen G, et al. Impact and the art of motivation maintenance: The effects of contact with beneficiaries on persistence behavior [J]. Organizational Behavior and Human Decision Processes, 2007a, 103 (1): 53 -67.

[89] Grant A M. Relational job design and the motivation to make a prosocial difference [J]. Academy of Management Review, 2007b, 32 (2): 393 -417.

[90] Grau S L, Folse J A G. Cause - related marketing (CRM): The influence of donation proximity and message - framing cues on the less - involved consumer [J]. Journal of Advertising, 2007, 36 (4): 19 -33.

[91] Grazzini L, Rodrigo P, Aiello G, et al. Loss or gain? The role of message framing in hotel guests' recycling behaviour [J]. Journal of Sustainable Tourism, 2018, 26 (11): 1944 -1966.

[92] Griskevicius V, Tybur J M, Bram V D B. Going green to be seen: Status, reputation, and conspicuous conservation [J]. Journal of Personality and Social Psychology, 2010, 98 (3): 392 -404.

[93] Gu F, Guo J, Yao X, et al. An investigation of the current status of recycling spent lithium - ion batteries from consumer electronics in China [J]. Journal of Cleaner Production, 2017, 161 (1): 765 -780.

[94] Hair, J F, Black, W C, Babin, B J and Anderson, R E. Multivariate data analysis: a global perspective (7th ed) [M]. Pearson, Upper Saddle River, NJ, 2010.

[95] Halvorsen B. Effects of norms and opportunity cost of time on household recycling [J]. Land Economics, 2008, 84 (3): 501 -516.

[96] Han H, Yu J, Kim H C, et al. Impact of social/personal norms and will-

ingness to sacrifice on young vacationers' pro – environmental intentions for waste reduction and recycling [J]. Journal of Sustainable Tourism, 2018, 26 (12): 2117 –2133. .

[97] Hayes A F. Introduction to mediation, moderation, and conditional process analysis: A regression – based approach [M]. New York: Guilford Press, 2013.

[98] Heine S J, Raineri A. Self – improving motivations and collectivism: The case of Chileans [J]. Journal of Cross – Cultural Psychology, 2009, 40 (1): 158 –163.

[99] Hicks C, Dietmar R, Eugster M. The recycling and disposal of electrical and electronic waste in China—Legislative and market responses [J]. Environmental Impact Assessment Review, 2005, 25 (5): 459 –471.

[100] Higgins E T. Beyond pleasure and pain [J]. American Psychologist, 1997, 52 (12): 1280 –1300.

[101] Higgins E T. How self – regulation creates distinct values: The case of promotion and prevention decision making [J]. Journal of Consumer Psychology, 2002, 12 (3): 177 –191.

[102] Hong J, Chang H H. "I" follow my heart and "we" rely on reasons: The impact of self – construal on reliance on feelings versus reasons in decision making [J]. Journal of Consumer Research, 2015, 41 (6): 1392 –1411.

[103] Hornik J, Cherian J, Madansky M, et al. Determinants of recycling behavior: A synthesis of research results [J]. The Journal of Socioeconomics, 1995, 24 (1): 105 –127.

[104] Howard E S, Gardner W L, Thompson L. The role of the self – concept and the social context in determining the behavior of power holders: Self – construal in intergroup versus dyadic dispute resolution negotiations [J]. Journal of Personality and Social Psychology, 2007, 93 (4): 614 –631.

[105] Hupfer M E. Helping me, helping you: Self – referencing and gender roles

in donor advertising [J]. Transfusion, 2006, 46 (6): 996 - 1005.

[106] Isa N M, Saad S, Salahuddin N. Promoting pro - environmental behaviours: Message framing as an intervention in recycling campaign [J]. International Small Business Journal, 2016, 8 (2): 66 - 77.

[107] Isaac M S, Poor M. The sleeper framing effect: The influence of frame valence on immediate and retrospective judgments [J]. Journal of Consumer Psychology, 2016, 26 (1): 53 - 65.

[108] Izagirre - Olaizola J, A Fernández - Sainz, Vicente - Molina M A. Internal determinants of recycling behaviour by university students: a cross - country comparative analysis [J]. International Journal of Consumer Studies, 2016, 39 (1): 25 - 34.

[109] Izagirre - Olaizola J, Fernández - Sainz A, Vicente - Molina M A. Internal determinants of recycling behaviour by university students: A cross - country comparative analysis [J]. International Journal of Consumer Studies, 2015, 39 (1): 25 - 34.

[110] Jacoby L L, Woloshyn V, Kelley C. Becoming famous without being recognized: Unconscious influences of memory produced by dividing attention. [J]. Journal of Experimental Psychology: General, 1989, 118 (2): 115 - 125.

[111] Janakiraman R, Dutta S S. Perception spillovers across competing brands: A disaggregate model of how and when [J]. Journal of Marketing Research, 2009, 46 (4): 467 - 481.

[112] Jayaraman K, Vejayon S, Raman S, et al. The proposed E - Waste management model from the conviction of individual laptop disposal practices—An empirical study in malaysia [J]. Journal of Cleaner Production, 2019, 208 (1): 688 - 696.

[113] Jenkins R R, Martinez S A, Palmer K, et al. The determinants of household recycling: A material - specific analysis of recycling program features and unit pricing [J]. Journal of Environmental Economics & Manage-

ment, 2003, 45 (2): 294 -318.

[114] Johar G V. Consumer involvement and deception from implied advertising claims [J]. Journal of Marketing Research, 1995, 32 (3): 267 -279.

[115] Jordan J, Mullen E, Murnighan J K. Striving for the moral self: The effects of recalling past moral actions on future moral behavior [J]. Personality and Social Psychology Bulletin, 2011, 37 (5): 701 -713.

[116] Kacen J J, Lee K J A. The influence of culture on consumer impulsive buying behavior [J]. Journal of Consumer Psychology, 2002, 12 (2): 163 -176.

[117] Kaiser F G, Doka G, Hofstetter P, et al. Ecological behavior and its environmental consequences: A life cycle assessment of a self - report measure [J]. Journal of Environmental Psychology, 2003, 23 (1): 11 -20.

[118] Karmarkar U R, Bollinger B. BYOB: How bringing your own shopping bags leads to treating yourself and the environment [J]. Journal of Marketing, 2015, 79 (4): 1 -15.

[119] Keller J, Hurst M, Uskul A. Prevention - focused self - regulation and aggressiveness [J]. Journal of Research in Personality, 2008, 42 (4): 800 -820.

[120] Khan U, Dhar R. Licensing effect in consumer choice [J]. Journal of Marketing Research, 2006, 43 (2): 259 -266.

[121] Khan W. Understanding consumers' behavior intentions towards dealing with the plastic waste: Perspective of a developing country [J]. Resources, Conservation and Recycling, 2019, 142 (3): 49 -58.

[122] Kidwell B, Farmer A, Hardesty D M. Getting liberals and conservatives to go green: Political ideology and congruent appeals [J]. Journal of Consumer Research, 2013, 40 (2): 350 -367.

[123] Kiene S M, Barta W D, Zelenski J M, et al. Why are you bringing up condoms now? The effect of message content on framing effects of condom use messages [J]. Health Psychology, 2005, 24 (3): 321 -326.

[124] Kim H, Rao A R, Lee A Y. It's time to vote: The effect of matching message orientation and temporal frame on political persuasion [J]. Journal of Consumer Research, 2009, 35 (6): 877 -889.

[125] Kim N Y. The influence of message framing and issue involvement on promoting abandoned animals adoption behaviors [J]. Procedia - Social and Behavioral Sciences, 2013, 82 (3): 338 -341.

[126] Kim S B, Kim D Y. The effects of message framing and source credibility on green messages in hotels [J]. Cornell Hospitality Quarterly, 2014, 55 (1): 64 -75.

[127] Kim Y J. The role of regulatory focus in message framing in antismoking advertisements for adolescents [J]. Journal of Advertising, 2006, 35 (1): 143 -151.

[128] Klockner C A, Nayum A, Mehmetoglu M. Positive and negative spillover effects from electric car purchase to car use [J]. Transportation Research Part D: Transport and Environment, 2013, 21: 32 -38.

[129] Koestner R, Houlfort N, Paquet S, et al. On the risks of recycling because of guilt: An examination of the consequences of introjection [J]. Journal of Applied Social Psychology, 2001, 31 (12): 2545 -2560.

[130] Kogut T, Kogut E. Possession attachment: Individual differences in the endowment effect [J]. Journal of Behavioral Decision Making, 2011, 24 (4): 377 -393.

[131] Kollmuss A, Agyeman J. Mind the gap: Why do people act environmentally and what are the barriers to pro - environmental behavior? [J]. Environmental Education Research, 2002, 8 (3): 239 -260.

[132] Komissarouk S, Nadler A. "I" seek autonomy, "we" rely on each other: Self - construal and regulatory focus as determinants of autonomy - and dependency - oriented help - seeking behavior. [J]. Personality and Social Psychology Bulletin, 2014, 40 (6): 726 -738.

[133] Koo M, Fishbach A. Dynamics of self - regulation: How (un) accom-

plished goal actions affect motivation [J]. Journal of Personality & Social Psychology, 2008, 94 (2): 183 – 195.

[134] Kronrod A, Grinstein A, Wathieu L. Go green! Should environmental messages be so assertive? [J]. Journal of Marketing, 2012, 76 (1): 95 – 102.

[135] Kulkarni A A, Yuan H. Effect of ad – irrelevant distance cues on persuasiveness of message framing [J]. Journal of Advertising, 2015, 44 (3): 254 – 263.

[136] Kumar A. Exploring young adults'e – waste recycling behaviour using an extended theory of planned behaviour model: A cross – cultural study [J]. Resources, Conservation and Recycling, 2019, 141 (1): 378 – 389.

[137] Kwon O, Sung Y. Shifting selves and product reviews: How the effects of product reviews vary depending on the self – views and self – regulatory goals of consumers [J]. International Journal of Electronic Commerce, 2012, 17 (1): 59 – 82.

[138] Labroo A, Patrick V. Psychological distancing: Why happiness helps you see the big picture [J]. Journal of Consumer Research, 2009, 35 (5): 800 – 809.

[139] Lacasse K. Don't be satisfied, identify! Strengthening positive spillover by connecting pro – environmental behaviors to an "environmentalist" label [J]. Journal of Environmental Psychology, 2016, 48: 149 – 158.

[140] Lacasse K. The importance of being green: The influence of green behaviors on Americans' political attitudes toward climate change [J]. Environment & Behavior, 2015, 47 (7): 754 – 781.

[141] Laidley T M. The influence of social class and cultural variables on environmental behaviors: Municipal – level evidence from Massachusetts [J]. Environment and Behavior, 2013, 45 (2): 170 – 197.

[142] Lalot F, Falomir – Pichastor J M, Quiamzade A. Compensation and consistency effects in proenvironmental behavior: The moderating role of ma-

jority and minority support for proenvironmental values [J]. Group Processes & Intergroup Relations, 2018, 21 (3): 403 - 421.

[143] Lanzini P, Thogersen J. Behavioural spillover in the environmental domain: An intervention study [J]. Journal of Environmental Psychology, 2014, 40: 381 - 390.

[144] Largo - Wight E, Johnston D L, Wight J. The efficacy of a theory - based, participatory recycling intervention on a college campus [J]. Journal of Environmental Health, 2013, 76 (4): 26 - 31.

[145] Lecheler S, Vreese C H D. Getting real: The duration of framing effects [J]. Journal of Communication, 2011, 61 (5): 959 - 983.

[146] Lee A Y, Aaker J L, Gardner W L. The pleasures and pains of distinct self - construals: The role of interdependence in regulatory focus [J]. Journal of Personality and Social Psychology, 2000, 78 (6): 1122 - 1134.

[147] Lee A Y, Aaker J L. Bringing the frame into focus: The influence of regulatory fit on processing fluency and persuasion [J]. Journal of Personality and Social Psychology, 2004, 86 (2): 205 - 217.

[148] Lee A Y, Keller P A, Sternthal B. Value from regulatory construal fit: The persuasive impact of fit between consumer goals and message concreteness [J]. Journal of Consumer Research, 2009, 36 (5): 735 - 747.

[149] Lee K, Shavitt S. The use of cues depends on goals: Store reputation affects product judgments when social identity goals are salient [J]. Journal of Consumer Psychology, 2006, 16 (3): 260 - 271.

[150] Lee Y J, Haley E, Yang K. The role of organizational perception, perceived consumer effectiveness and self - efficacy in recycling advocacy advertising effectiveness [J]. Environmental Communication, 2019, 13 (2): 239 - 254.

[151] Lehman P K, Geller E S. Behavior analysis and environmental protection:

Accomplishments and potential for more [J]. Behavior and Social Issues, 2004, 13: 13 -32.

[152] Leshner G, Cheng I H. The effects of frame, appeal, and outcome extremity of antismoking messages on cognitive processing [J]. Health Communication, 2009, 24 (3): 219 -227.

[153] Levin I P, Schneider S L, Gaeth G J. All frames are not created equal: A typology and critical analysis of framing effects [J]. Organizational Behavior and Human Decision Processes, 1998, 76 (2): 149 -188.

[154] Lewis R, Nguyen D. Display advertising's competitive spillovers to consumer search [J]. Quantitative Marketing and Economics, 2015, 13 (2): 93 -115.

[155] Liberman N, Idson L C, Higgins E T. Predicting the intensity of losses vs. non - gains and non - losses vs. gains in judging fairness and value: A test of the loss aversion explanation [J]. Journal of Experimental Social Psychology, 2005, 41 (5): 527 -534.

[156] Linden S. The social - psychological determinants of climate change risk perceptions: Towards a comprehensive model [J]. Journal of Environmental Psychology, 2015, 41 (3): 112 -124.

[157] Lord K R, Putrevu S. Acceptance of recycling appeals: The moderating role of perceived consumer effectiveness [J]. Journal of Marketing Management, 1998, 14 (6): 581 -590.

[158] Lord K R. Motivating recycling behavior: A quasiexperimental investigation ofmessage and source strategies [J]. Psychology & Marketing, 1994, 11 (4): 341 -358.

[159] Loroz P S. The interaction of message frames and reference point in prosocial persuasive appeals [J]. Psychology & Marketing, 2007, 24 (11): 1001 -1023.

[160] Lu L, Gilmour R. Developinga new measure of independent and interdependent views of the self [J]. Journal of Research in Personality, 2007,

41 (1): 249 -257.

[161] Lynch J G, Marmorstein H, Weigold M F. Choices from sets including remembered brands: Use of recalled attributes and prior overall evaluations [J]. Journal of Consumer Research, 1988, 15 (2): 169 -184.

[162] Ma Z, Yang Z, Mourali M. Consumer adoption of new products: Independent versus interdependent self - perspectives [J]. Social Science Electronic Publishing, 2014, 78 (2): 101 -117.

[163] Maki A, Carrico A R, Raimi K T, et al. Meta - analysis of pro - environmental behaviour spillover [J]. Nature Sustainability, 2019, 2 (4), 307 -315.

[164] Mann T, Sherman D, Updegraff J. Dispositional motivations and message framing: A test of the congruency hypothesis in college students [J]. Health Psychology, 2004, 23 (3): 330 -334.

[165] Markowitz E M, Slovic P, Västfjäll D, et al. Compassion fade and the challenge of environmental conservation [J]. Judgment and Decision making, 2013, 8 (4): 397 -406.

[166] Markus H R, Kitayama S. Culture and the self: Implications for cognition, emotion, and motivation [J]. Psychological Review, 1991, 98 (2): 224 -253.

[167] Mazar N, Zhong C B. Do green products make us better people? [J]. Psychological Science, 2010, 21 (4): 494 -498.

[168] Mccarty J A, Shrum L J. The Influence of Individualism, Collectivism, and Locus of Control on Environmental Beliefs and Behavior [J]. Journal of Public Policy & Marketing, 2001, 20 (1): 93 -104.

[169] Meijers M H C, Noordewier M K, Verlegh P W J, et al. Paradoxical side effects of green advertising: how purchasing green products may instigate licensing effects for consumers with a weak environmental identity [J]. International Journal of Advertising, 2019, 38 (8): 1202 -1223.

[170] Merritt A C, Effron D A, Monin B. Moral self - licensing: When being

good frees us to be bad [J]. Social & Personality Psychology Compass, 2010, 4 (5): 344 - 357.

[171] Meyers - Levy J, Maheswaran D. Exploring message framing outcomes when systematic, heuristic, or both types of processing occur [J]. Journal of Consumer Psychology, 2004, 14 (1 - 2): 159 - 167.

[172] Miliute - Plepiene J, Hage O, Plepys A, et al. What motivates households recycling behaviour in recycling schemes of different maturity? Lessons from Lithuania and Sweden [J]. Resources Conservation & Recycling, 2016, 113 (10): 40 - 52.

[173] Monin B, Miller D T. Moral credentials and the expression of prejudice [J]. Journal of Personality & Social Psychology, 2001, 81 (1): 33 - 43.

[174] Mugge R, Schifferstein H N J, Schoormans J P L. Product attachment and satisfaction: understanding consumers' post - purchase behavior [J]. Journal of consumer Marketing, 2010, 27 (3): 271 - 282.

[175] Muller D, Judd C M, Yzerbyt V Y. When moderation is mediated and mediation is moderated [J]. Journal of Personality and Social Psychology, 2005, 89 (6): 852 - 863.

[176] Naidoo D K. Exploring the impact of message framing on sustainable consumption choices [C] //Developments in Marketing Science Proceedings of the Academy of Marketing Science, 2011: 409 - 413.

[177] Nash N, Whitmarsh L, Capstick S, et al. Climate - relevant behavioral spillover and the potential contribution of social practice theory [J]. Wiley Interdisciplinary Reviews. Climate Change, 2017, 8 (6): 1 - 20.

[178] Nenkov G Y, Haws K L, Min J K. Fluency in future focus: Optimizing outcome elaboration strategies for effective self - control [J]. Social Psychological & Personality Science, 2014, 5 (7): 769 - 776.

[179] Nomura H, John P, Cotterill S. The use of feedback to enhance environmental outcomes: A randomized controlled trial of a food waste scheme [J]. Local Environment, 2011, 16 (7): 637 - 653.

[180] Norman G, Pepall L, Richards D. Generic product advertising, spillovers, and market concentration [J]. American Journal of Agricultural Economics, 2008, 90 (3): 719 – 732.

[181] Novemsky N, Dhar R, Schwarz N, et al. Preference fluency in choice [J]. Journal of Marketing Research, 2007, 44 (3): 347 – 356.

[182] O'Connor R T, Lerman D C, Fritz J N, et al. Effects of number and location of bins on plastic recycling at a university [J]. Journal of Applied Behavior Analysis, 2010, 43 (4): 711 – 715.

[183] Ojala M. Recycling and ambivalence: Quantitative and qualitative analyses of household recycling among young adults [J]. Environment and Behavior, 2008, 40 (6): 777 – 797.

[184] Park E Y, Jang J M. The interplay of social responsibility consciousness and evaluation mode in consumers' response toward cause – related marketing – enhanced product [J]. Asia Pacific Journal of Marketing and Logistics, 2020, 32 (8): 1651 – 1674.

[185] Park J, Hedgcock W M. Thinking concretely or abstractly: The influence of fit between goal progress and goal construal on subsequent self – regulation [J]. Journal of Consumer Psychology, 2015, 26 (3): 395 – 409.

[186] Passafaro P, Livi S, Kosic A. Local Norms and the Theory of Planned Behavior: Understanding the Effects of Spatial Proximity on Recycling Intentions and Self – Reported Behavior [J]. Frontiers in Psychology, 2019, 10 (3): 1 – 11.

[187] Pelletier L G, Sharp E. Persuasive communication and pro – environmental behaviours: How message tailoring and message framing can improve the integration of behaviours through self – determined motivation [J]. Canadian Psychology, 2008, 49 (3): 210 – 217.

[188] Petty R E, Cacioppo J T. Issue involvement can increase or decrease persuasion by enhancing message – relevant cognitive responses [J]. Journal of Personality and Social Psychology, 1979, 37 (10): 1915 – 1926.

[189] Phillips B J, Sego T. The role of identity in disposal: Lessons from mothers' disposal of children's possessions [J]. Marketing Theory, 2011, 11 (4): 435 -454.

[190] Pieters R G. Changing garbage disposal patterns of consumers: Motivation, ability, and performance [J]. Journal of public policy & marketing, 1991, 10 (2): 59 -76.

[191] Raggio R D, Folse J A G. Expressions of gratitude in disaster management: An economic, social marketing, and public policy perspective on post - katrina campaigns [J]. Journal of Public Policy and Marketing, 2011, 30 (2): 168 -174.

[192] Reber R, Schwarz N, Winkielman P. Processing fluency and aesthetic pleasure: Is beauty in the perceiver's processing experience? [J]. Personality and Social Psychology Review, 2004, 8 (4): 364 -382.

[193] Rioux L. Promoting pro - environmental behaviour: collection of used batteries by secondary school pupils [J]. Environmental Education Research, 2011, 17 (3): 353 -373.

[194] Rothman A J, Salovey P. Shaping perceptions to motivate healthy behavior: The role of message framing [J]. Psychological Bulletin, 1997, 121 (1): 3 -19.

[195] Royne M B, Martinez J, Oakley J, et al. The effectiveness of benefit type and price endings in green advertising [J]. Journal of Advertising, 2012, 41 (4): 85 -102.

[196] Rutz O J, Bucklin, Randolph E. From generic to branded: A model of spillover in paid search advertising [J]. Journal of Marketing Research, 2008, 48 (1): 87 -102.

[197] Sachdeva S, Iliev R, Medin D L. Sinning saints and saintly sinners: The paradox of moral self - regulation [J]. Psychological Science, 2009, 20 (4): 523 -528.

[198] Sahni N S. Advertising spillovers: Field - experiment evidence and impli-

cations for returns from advertising [J]. Journal of Marketing Research, 2016, 53 (4): 459 – 478.

[199] Saphores J D, Nixon H, Ogunseitan O, et al. Household willingness to recycle electronic waste: An application to California [J]. Environment and Behavior, 2006, 38 (8): 183 – 208.

[200] Sarigollu E, Hou C, Ertz M. Sustainable product disposal: Consumer redistributing behaviors versus hoarding and throwing away [J]. Business Strategy and the Environment, 2020 (2): 1 – 17.

[201] Schneider T R, Salovey P, Apanovitch A M, et al. The effects of message framing and ethnic targeting on mammography use among low – income women [J]. Health Psychology, 2001, 20 (4): 256 – 266.

[202] Schultz P W, Oskamp S, Mainieri T. Who recycles and when? A review of personal and situational factors [J]. Journal of Environmental Psychology, 1995, 15 (2): 105 – 121.

[203] Schwab N, Harton H C, Cullum J G. The effects of emergent norms and attitudes on recycling behavior [J]. Environment and Behavior, 2014, 46 (4): 403 – 422.

[204] Schwarz N. Meta – cognitive experiences in consumer judgment and decision making [J]. Journal of Consumer Psychology, 2004, 14 (4): 332 – 348.

[205] Segev S, Fernandes J, Wang W. The effects of gain versus loss message framing and point of reference on consumer responses to green advertising [J]. Journal of Current Issues & Research in Advertising, 2015, 36 (1): 35 – 51.

[206] Sharma N, Dayal R. Drivers of green purchase intentions: green self – efficacy and perceived consumer effectiveness [J]. Global Journal of Enterprise Information System, 2017, 8 (3): 27 – 32.

[207] Shavelson R J, Hubner J J, Stanton G C. Self – concept: Validation of construct interpretations [J]. Review of Educational Research, 1976,

46 (3): 407 -441.

[208] Shen L, Dillard J P. Message frames interact with motivational systems to determine depth of message processing [J]. Health Communication, 2009, 24 (6): 504 -514.

[209] Shen L, Dillard J P. The influence of behavioral inhibition/approach systems and message framing on the processing of persuasive health messages [J]. Communication Research, 2007, 34 (4): 433 -467.

[210] Sherman D K, Updegraff J A, Mann T. Improving oral health behavior: A social psychological approach [J]. Journal of the American Dental Association, 2008, 139 (10): 1382 -1387.

[211] Shevchenko T, Laitala K, Danko Y. Understanding Consumer E - Waste Recycling Behavior: Introducing a New Economic Incentive to Increase the Collection Rates [J]. Sustainability, 2019, 11 (9): 2656.

[212] Shiv B, Britton J A E, Payne J W. Does elaboration increase or decrease the effectiveness of negatively versus positively framed messages? [J]. Journal of Consumer Research, 2004, 31 (1): 199 -208.

[213] Sidique S F, Lupi F, Joshi S V. The effects of behavior and attitudes on drop - off recycling activities [J]. Resources Conservation and Recycling, 2010, 54 (3): 163 -170.

[214] Simpson D, Power D, Riach K, et al. Consumer motivation for product disposal and its role in acquiring products for reuse [J]. Journal of Operations Management, 2019, 65 (7): 612 -635.

[215] Singelis T M. The measurement of independent and interdependent self - construals [J]. Personality and Social Psychology Bulletin, 1994, 20 (5): 580 -591.

[216] Song H, Schwarz N. If it's difficult to pronounce, it must be risky [J]. Psychological Science, 2009, 20 (2): 135 -138.

[217] Sparks P, Shepherd S R. Self - identity and the theory of planned behavior: Assessing the role of identification with green consumerism [J].

Social Psychology Quarterly, 1992, 55 (4): 388 -399.

[218] Spence A, Leygue C, Bedwell B, et al. Engaging with energy reduction: Does a climate change frame have the potential for achieving broader sustainable behaviour? [J]. Journal of Environmental Psychology, 2014, 38: 17 -28.

[219] Spence A, Pidgeon N. Framing and communicating climate change: The effects of distance and outcome frame manipulations [J]. Global Environmental Change, 2010, 20 (4): 656 -66720.

[220] Spence A, Poortinga W, Pidgeon N. The psychological distance of climate change [J]. Risk Analysis, 2011, 32 (6): 957 -972.

[221] Stavins R N. Addressing climate change with a comprehensive US cap - and - trade system [J]. Oxford Review of Economic Policy, 2008, 24 (2): 298 -321.

[222] Steinhorst J, Klöckner C A, Matthies E. Saving electricity - for the money or the environment? Risks of limiting pro - environmental spillover when using monetary framing [J]. Journal of Environmental Psychology, 2015, 43 (9): 125 -135.

[223] Suh E M. Culture, identity consistency, and subjective well - being [J]. Journal of Personality and Social Psychology, 2002, 83 (6): 1378 - 1391.

[224] Summers C A, Smith R W, Reczek R W. An audience of one: Behaviorally targeted ads as implied social labels [J]. Journal of Consumer Research, 2016, 43 (1): 156 -178.

[225] Sun M, Yang X, Huisingh D, et al. Consumer behavior and perspectives concerning spent household battery collection and recycling in China: A case study [J]. Journal of Cleaner Production, 2015, 107 (16): 775 -785.

[226] Sun Y, Wang S. Understanding consumers' intentions to purchase green products in the social media marketing context [J]. Asia Pacific Journal

of Marketing and Logistics, 2020, 32 (4): 860-878.

[227] Susewind M, Hoelzl E. A matter of perspective: Why past moral behavior can sometimes encourage and other times discourage future moral striving [J]. Journal of Applied Social Psychology, 2014, 44 (3): 201-209.

[228] Tate K, Stewart A J, Daly M. Influencing green behaviour through environmental goal priming: The mediating role of automatic evaluation [J]. Journal of Environmental Psychology, 2014, 38 (6): 225-232.

[229] Tedeschi J T, Schlenker B R, Bonoma T V. Cognitive dissonance: Private ratiocination or public spectacle? [J]. American Psychologist, 1971, 26 (8): 685-695.

[230] Thøgersen J, Crompton T. Simple and painless? The limitations of spillover in environmental campaigning [J]. Journal of Consumer Policy, 2009, 32 (2): 141-163.

[231] Thogersen J, Noblet C. Does green consumerism increase the acceptance of wind power? [J]. Energy Policy, 2012, 51 (9): 854-862.

[232] Tiefenbeck V, Staake T, Roth K, et al. For better or for worse? Empirical evidence of moral licensing in a behavioral energy conservation campaign [J]. Energy Policy, 2013, 57 (6): 160-171.

[233] Tobler C, Visschers V H M, Siegrist M. Addressing climate change: Determinants of consumers' willingness to act and to support policy measures [J]. Journal of Environmental Psychology, 2012, 32 (3): 197-207.

[234] Trafimow D, Triandis H C, Goto S G. Some tests of the distinction between the private self and the collective self [J]. Journal of Personality and Social Psychology, 1991, 60 (5): 649-655.

[235] Trudel R, Argo J J, Meng M D. Trash or recycle? How product distortion leads to categorization error during disposal [J]. Environment & Behavior, 2016a, 1 (7): 966-985.

[236] Trudel R, Argo J J, Meng M D. The recycled self: Consumers' disposal decisions of identity - linked products [J]. Journal of Consumer Re-

search, 2016b, 43 (2): 246 - 264.

[237] Trudel R, Argo J J. The effect of product size and form distortion on consumer recycling behavior [J]. Journal of Consumer Research, 2013, 40 (4): 632 - 643.

[238] Truelove H B, Carrico A R, Weber E U, et al. Positive and negative spillover of pro - environmental behavior: An integrative review and theoretical framework [J]. Global Environmental Change, 2014, 29: 127 - 138.

[239] Truelove H B, Yeung K L, Carrico A R, et al. From plastic bottle recycling to policy support: An experimental test of pro - environmental spillover [J]. Journal of Environmental Psychology, 2016, 46 (3): 55 - 66.

[240] Tsiotsou R H. Investigating the role of enduring and situational involvement with the program context on advertising effectiveness [J]. Journal of Marketing Communications, 2013, 19 (2): 114 - 135.

[241] Tudor T, Robinson G, Riley M, et al. Challenges facing the sustainable consumption and waste management agendas: perspectives on UK households [J]. Local Environment, 2011, 16 (1): 51 - 66.

[242] Tversky A, Kahneman D. The framing of decisionsand the psychology of choice [J]. Science, 1981, 211 (4481): 453 - 458.

[243] Updegraff J A, Emanuel A S, Gallagher K M, et al. Framing flu prevention—An experimental field test of signs promoting hand hygiene during the 2009 - 2010 H1N1 pandemic. [J]. Health Psychology, 2011, 30 (3): 295 - 299.

[244] Utz S. Self - construal and cooperation: Is the interdependent self more cooperative than the independent self [J]. Self and Identity, 2004, 3 (3): 177 - 190.

[245] Van der Werff E, Steg L, Keizer K. Follow the signal: When past pro - environmental actions signal who you are [J]. Journal of Environmental

Psychology, 2014, 40 (7): 273 – 282.

[246] Van der Werff E, Steg L, Keizer K. I am what I am, by looking past the present: The influence of biospheric values and past behavior on environmental self – identity [J]. Environment & Behavior, 2014, 46 (5): 626 – 657.

[247] Vining J, Ebreo A. Predicting recycling behavior from global and specific environmental attitudes and changes in recycling opportunities [J]. Journal of Applied Social Psychology, 2010, 22 (20): 1580 – 1607.

[248] Vries P D, Aarts H, Midden C J H. Changing simple energy – related consumer behaviors: How the enactment of intentions is thwarted by acting and non – acting habits [J]. Environment and Behavior, 2011, 43 (5): 612 – 633.

[249] Wagner T, Hennig – Thurau T, Rudolph T. Does customer demotion jeopardize loyalty? [J]. Journal of Marketing, 2009, 73 (3): 69 – 85.

[250] Wagner T. Examining the concept of convenient collection: An application to extended producer responsibility and product stewardship frameworks [J]. 2013, 33 (3): 499 – 507.

[251] Wan C, Shen G Q, Choi S. Experiential and instrumental attitudes: Interaction effect of attitude and subjective norm on recycling intention [J]. Journal of environmental psychology, 2017, 50 (3): 69 – 79.

[252] Wang T, Mukhopadhyay A, Patrick V M. Getting consumers to recycle NOW! When and why cuteness appeals influence prosocial and sustainable Behavior [J]. Journal of Public Policy & Marketing, 2017, 36 (2): 269 – 283.

[253] Wang Z, Guo D, Wang X. Determinants of residents'e – waste recycling behaviour intentions: Evidence from China [J]. Journal of Cleaner Production, 2016, 137 (1): 850 – 860.

[254] Werner C M, White P H, Byerly S, et al. Signs that encourage internalized recycling: Clinical validation, weak messages and “creative elabo-

ration" [J]. Journal of Environmental Psychology, 2009, 29 (2): 193-202.

[255] Wheeler S C, Demarree K G. Multiple mechanisms of prime-to-behavior effects [J]. Social & Personality Psychology Compass, 2009, 3 (4): 566-581.

[256] White K, Argo J, Simpson B. The motivating role of dissociative out-groups in encouraging positive consumer behaviour [J]. Social Science Electronic Publishing, 2014, 51 (4): 433-447.

[257] White K, MacDonnell R, Dahl D W. It's the mind-set that matters: The role of construal level and message framing in influencing consumer efficacy and conservation behaviors [J]. Journal of Marketing Research, 2011, 48 (5): 472-485.

[258] Whitehair K J, Shanklin C W, Brannon L A. Written messages improve edible food waste behaviors in a university dining facility [J]. Journal of the Academy of Nutrition and Dietetics, 2013, 113 (1): 63-69.

[259] Whitmarsh L, O'Neill S. Green identity, green living? The role of pro-environmental self-identity in determining consistency across diverse pro-environmental behaviours [J]. Journal of Environmental Psychology, 2010, 30 (3): 305-314.

[260] Wiebenga J H, Fennis B M. The road traveled, the road ahead, or simply on the road? When progress framing affects motivation in goal pursuit [J]. Journal of Consumer Psychology, 2014, 24 (1): 49-62.

[261] Willis M M, Schor J B. Does changing a light bulb lead to changing the world? Political action and the conscious consumer [J]. Annals of the American Academy of Political & Social Science, 2012, 644 (1): 160-190.

[262] Xie Y, Keh H T. Taming the blame game: Using promotion programs to counter product-harm crises [J]. Journal of Advertising, 2016, 45 (2): 211-216.

[263] Xue F. The moderating effects of product involvement on situational brand choice [J]. Journal of Consumer Marketing, 2008, 25 (2): 85 -94.

[264] Yoon Y, Sarial - Abi G, Gürhan - Canli Z. Effect of regulatory focus on selective information processing [J]. Journal of Consumer Research, 2012, 39 (1): 93 -110.

[265] Zaichkowsky J L. Measuring the involvement construct [J]. Journal of Consumer Research, 1985, 12 (3): 341 -352.

[266] Zeng, Amy Z. Coordination mechanisms for a three - stage reverse supply chain to increase profitable returns [J]. Naval Research Logistics, 2013, 60 (1): 31 -45.

[267] Zhang L, Moore M, Moore R. The effect of self - construals on the effectiveness of comparative advertising [J]. Marketing Management Journal, 2011, 21 (1): 195 -206.

[268] Zhang S, Higgins E T, Chen G. Managing others like you were managed: How prevention focus motivates copying interpersonal norms [J]. Journal of Personality and Social Psychology, 2010, 100 (4): 647 -663.

[269] Zhang S, Zhang M, Yu X, et al. What keeps Chinese from recycling: Accessibility of recycling facilities and the behavior [J]. Resources, Conservation and Recycling, 2016, 109 (2): 176 -186.

[270] Zhang Y, Huang S C. How endowed versus earned progress affects consumer goal commitment and motivation [J]. Journal of consumer research, 2010, 37 (4): 641 -654.

[271] Zhang Y, Mittal V. The attractiveness of enriched and impoverished options: Culture, self - construal, and regulatory focus [J]. Personality and Social Psychology Bulletin, 2007, 33 (4): 588 -598.

[272] Zhang Y, Shrum L J. The influence of self - construal on impulsive consumption [J]. Journal of Consumer Research, 2009, 35 (5): 838 - 850.

[273] Zhao G, Pechmann C. The impact of regulatory focus on adolescents' re-

sponse to antismoking advertising campaigns [J]. Journal of Marketing Research, 2007, 44 (4): 671-687.

[274] Zhao X, Lynch J G, Chen Q. Reconsidering baron and kenny: Myths and truths about mediation analysis [J]. Journal of Consumer Research, 2010, 37 (2): 197-206.

[275] Zhu R, Meyers-Levy J. The influence of self-view on context effects: How display fixtures can affect product evaluations [J]. Journal of Marketing Research, 2009, 46 (1): 37-45.

[276] 柴俊武，赵广志，张泽林. 自我概念对两类怀旧广告诉求有效性的影响 [J]. 心理学报，2011，43 (3)：308-321.

[277] 陈洁，韦俊龙，杨梦泓. 广告信息对非欺诈性仿冒奢侈品购买意愿影响研究 [J]. 管理评论，2016，28 (7)：25-33.

[278] 戴鑫，周文容，曾一帆. 广告信息框架与信息目标对受众亲社会行为的影响研究 [J]. 管理学报，2015，12 (6)：880-887.

[279] 邓颖，徐富明，李欧，等. 社会偏好中的框架效应 [J]. 心理科学进展，2016，24 (4)：622-632.

[280] 方正，杨洋，李蔚，蔡静. 产品伤害危机溢出效应的发生条件和应对策略研究——预判和应对其他品牌引发的产品伤害危机 [J]. 南开管理评论，2013，16 (6)：19-27.

[281] 郭婷婷，李宝库. "看得见"还是"摸得着"？——在线评论中感官线索引发的意象体验效应 [J]. 财经论丛，2019 (9)：82-91.

[282] 何跃，宋灵犀，齐丽云. 负面事件中的品牌网络口碑溢出效应研究——以"圆通夺命快递"事件为例 [J]. 现代图书情报技术，2015 (10)：58-64.

[283] 胡春，王路远. 共享服务消费者参与意愿影响因素研究 [J]. 北京邮电大学学报（社会科学版），2018，20 (2)：10-17.

[284] 极光. 极光大数据：品质生活时代，二手电商如何取得用户欢心 [EB/OL]. https://www.jiguang.cn/, 2018-09-04.

[285] 晋向东，张广玲，曹晶，谷传华，魏华，谢志鹏，段朝辉. 强势品

牌广告竞争的溢出效应[J]. 心理学报，2018，50（6）：678-692.
[286] 赖胜强. 基于调节定向理论的网络口碑影响研究[J]. 财经论丛，2014（2）：72-78.
[287] 李春发，冯建军. 网络口碑影响消费者参与“互联网+”废旧手机回收意愿研究[J]. 生态经济，2019，35（3）：73-78.
[288] 李春发，邹雅玲，王雪红，曹莹莹. WEEE回收网站交互性对消费者回收行为的影响——消费者交易感知的中介作用[J]. 科技管理研究，2015，35（3）：209-214.
[289] 李东进，张成虎，马明龙. 脱销情境下消费者会购买相似品吗——自我建构视角的分析[J]. 南开管理评论，2016，19（3）：98-109.
[290] 李谷，周晖，丁如一. 道德自我调节对亲社会行为和违规行为的影响[J]. 心理学报，2013，45（6）：672-679.
[291] 梁慧娟. 居民废旧家电回收行为影响因素分析及实证研究[D]. 杭州：杭州电子科技大学，2012.
[292] 刘德文，姚山季. 调节聚焦对老字号品牌激活策略效果的影响——品牌认同的中介效应[J]. 财经论丛，2018（10）：86-95.
[293] 刘红艳，魏伟，卫海英. 非目标消费群体品牌使用行为对目标消费者品牌态度的影响——自我建构的调节作用[J]. 管理评论，2017，29（8）：110-120。
[294] 刘建一，吴建平. 亲环境行为溢出效应：类型、机制与影响因素[J]. 心理研究，2018，11（3）：261-268.
[295] 陆莹莹，赵旭. 基于TPB理论的居民废旧家电及电子产品回收行为研究：以上海为例[J]. 管理评论，2009，21（8）：85-94.
[296] 毛振福，余伟萍，李雨轩. 绿色购买意愿形成机制的实证研究——绿色广告诉求与自我建构的交互作用[J]. 当代财经，2017（5）：79-88.
[297] 潘黎，吕巍，王良燕. 储蓄和消费的选择：自我建构对应对目标冲突的影响[J]. 管理评论，2013，25（3）：27-37.
[298] 宋晓兵，徐珂欣，吴育振. 用户设计能否包打天下？——自我建构

对用户设计产品偏好的影响研究［J］. 管理世界，2017（5）：119－130.
［299］孙瑾，苗盼. 近筹 vs. 远略——解释水平视角的绿色广告有效性研究［J］. 南开管理评论，2018，21（4）：195－205.
［300］孙潇雅，周颖. 自我构建理念对网络分享推荐意愿的影响研究［J］. 软科学，2017，31（4）：104－107.
［301］汪旭晖，聂可昱，陈荣. "解释行为"还是"解释反应"？怎样的在线评论更有用——基于解释类型的在线评论对消费者购买决策的影响及边界条件［J］. 南开管理评论，2017，20（4）：27－37.
［302］王财玉. 绿色消费的许可效应：绿色让我们更不道德？［J］. 心理科学，2020，43（1）：144－149.
［303］王昶，吕夏冰，孙桥. 居民参与"互联网＋回收"意愿的影响因素研究［J］. 管理学报，2017，14（12）：1847－1854.
［304］王丹萍，庄贵军，周茵. 信息框架对广告态度的影响：论据强度的中介作用［J］. 管理科学，2014，27（1）：75－85.
［305］王丹萍，庄贵军，周茵. 信息框架与产品风险的交互效应及影响条件［J］. 管理评论，2013，25（12）：125－137.
［306］王海忠，范孝雯，欧阳建颖. 消费者自我构念、独特性需求与品牌标识形状偏好［J］. 心理学报，2017，49（8）：1113－1124.
［307］王海忠，王骏旸，罗捷彬. 要素品牌策略与产品独特性评价：自我建构和产品性质的调节作用［J］. 南开管理评论，2012，15（4）：111－117.
［308］王汉瑛，邢红卫，田虹. 定位绿色消费的"黄金象限"：基于刻板印象内容模型的响应面分析［J］. 南开管理评论，2018，21（3）：203－214.
［309］王虹，周寿江，刘萍. 品牌危机溢出效应研究的回顾与展望［J］. 商业经济研究，2019（4）：62－65.
［310］王建国，杜伟强. 基于行为推理理论的绿色消费行为实证研究［J］. 大连理工大学学报（社会科学版），2016，37（2）：13－18.

[311] 文思思，李东进，郑晓莹．广告信息框架与消费者孤独感交互影响广告说服力的研究［J］．管理学报，2017，14（12）：1819－1828.
[312] 吴波，李东进，王财玉．绿色还是享乐？参与环保活动对消费行为的影响［J］．心理学报，2016，48（12）：1574－1588.
[313] 吴波，李东进，张初兵．消费者回收行为研究述评与展望［J］．中国流通经济，2019，33（9）：114－126.
[314] 吴剑琳．网络环境下产品伤害危机对消费者品牌态度的影响研究——基于可接近—可诊断理论［J］．管理评论，2017，29（10）：84－94.
[315] 熊素红．调节匹配对消费者的劝说性影响研究综述［J］．外国经济与管理，2011，33（12）：58－64.
[316] 熊小明，黄静，林涛．目标进展信息与未来自我联结对环保产品重复购买的影响［J］．管理评论，2019，31（8）：146－156.
[317] 徐富明，史燕伟，王伟，等．情绪影响框架效应的眼动研究初探［J］．应用心理学，2015，21（2）：149－156.
[318] 徐嘉祺，佘升翔，田云章，陈璟．绿色消费行为的溢出效应：目标视角的调节作用［J］．财经论丛，2019（12）：86－94.
[319] 徐林，凌卯亮．垃圾分类政策对居民的节电行为有溢出效应吗？［J］．行政论坛，2017，24（5）：105－112.
[320] 许民利，邹康来，郑杰．基于交易成本与信任的居民参与“互联网+回收”意愿［J］．企业经济，2018，37（11）：123－129.
[321] 薛云建，董向东．品牌拟人化与消费者品牌忠诚关系分析——基于中介调节模型［J］．商业经济研究，2018（11）：86－89.
[322] 姚琦，Mao Huifang，符国群．品牌图解对消费者品牌延伸评价的影响——信息处理流畅性视角［J］．大连理工大学学报（社会科学版），2017，38（2）：8－14.
[323] 叶宝娟，温忠麟．有中介的调节模型检验方法：甄别和整合［J］．心理学报，2013，45（9）：1050－1060.
[324] 于会会，徐富明，黄宝珍，等．框架效应中的个体差异［J］．心理科学进展，2012，20（6）：894－901.

[325] 于伟. 消费者绿色消费行为形成机理分析——基于群体压力和环境认知的视角 [J]. 消费经济, 2009, 25 (4): 75-77.

[326] 袁胜军, 张新阳, 刘蕙荟. 独立与依赖: 消费者自我构建类型与网上信息搜寻行为 [J]. 企业经济, 2016 (7): 76-82.

[327] 曾伏娥, 李文杰, 叶青. 可辩解型产品伤害危机的溢出效应研究 [J]. 经济管理, 2019, 41 (5): 120-135.

[328] 张红霞, 丁瑛, Angela Y. Lee, 徐菁. 依赖 VS 独立? 中国消费者自我构念的地域和年龄差异及其对广告诉求偏好的影响 [J]. 营销科学学报, 2013, 9 (1): 50-61.

[329] 曾敏霞, 王瑞琪. 建构主义视角下青少年道德自我概念的结构及发展特点 [J]. 广州大学学报 (社会科学版), 2014, 13 (8): 22-27.

[330] 曾世强, 陈健, 吕巍, 潘黎. 独立自我"啬于人", 相依自我"啬于己"——为自己消费还是为他人消费与自我建构对储蓄和消费选择的影响 [J]. 管理评论, 2016, 28 (6): 119-130.

[331] 张永芬, 姜冠群, 杨光. 情感依恋、收入效应与消费者手机回收意愿——基于禀赋效应的研究 [J]. 生态经济, 2019, 35 (6): 193-199.

[332] 郑君君, 蔡明, 李诚志, 等. 决策框架、心理距离对个体间合作行为影响的实验研究 [J]. 管理评论, 2017, 29 (5): 102-109.

[333] 朱一杰, 金盛华, 万薇洁, 李玲. 道德自我形象对亲社会行为的影响: 调节定向的调节作用 [J]. 心理科学, 2017, 40 (2): 421-428.

[334] 朱翊敏. 慈善营销中契合类型与信息框架对消费者响应的影响 [J]. 南开管理评论, 2014, 17 (4): 128-139.

[335] 朱至文, 张黎. 自我建构对消费者品牌延伸评价的影响 [J]. 软科学, 2013, 27 (3): 125-128.

附录

附录 1

研究一（独立自我/得益框架）

尊敬的先生/女生：

您好！本问卷采用无记名方式进行，所有信息仅用于学术研究并且严格保密，希望您遵从内心的真实想法作答，感谢您的参与！以下是一段小插曲，请您认真阅读并作答。

我正在打一场网球晋级赛。下午 4 点 26 分，太阳照射着我，数着球拍上的网线，我弹了几下球。此刻，我就是世界的中心。我暗暗想道："这是我的战斗，是我的机会。不论输赢，我都将向自己证明我的价值"。此时此刻，我认为：

①＝非常不同意 ②＝不同意 ③＝有点不同意 ④＝中立 ⑤＝有点同意 ⑥＝同意 ⑦＝非常同意							
同伴的开心对我来说很重要。	①	②	③	④	⑤	⑥	⑦
维持团队内部和谐对我来说很重要。	①	②	③	④	⑤	⑥	⑦
我的幸福很大程度上取决于我周围人的幸福。	①	②	③	④	⑤	⑥	⑦
如果家人不支持，我会放弃自己非常喜欢的活动。	①	②	③	④	⑤	⑥	⑦
即使非常不同意组员的意见，我也会避免争吵。	①	②	③	④	⑤	⑥	⑦
如果团队需要我，即使对团队不满意我也会留在团队。	①	②	③	④	⑤	⑥	⑦
对我来讲，尊重团队的决定很重要。	①	②	③	④	⑤	⑥	⑦
我的个人身份与他人不同，对我来讲很重要。	①	②	③	④	⑤	⑥	⑦
我很享受在很多方面与众不同的感觉。	①	②	③	④	⑤	⑥	⑦
我是一个独特的个体。	①	②	③	④	⑤	⑥	⑦
我宁愿直接对人说"不"也不愿意冒被人误解的风险。	①	②	③	④	⑤	⑥	⑦
我喜欢在充满竞争的环境中工作。	①	②	③	④	⑤	⑥	⑦

续表

①＝非常不同意 ②＝不同意 ③＝有点不同意 ④＝中立 ⑤＝有点同意 ⑥＝同意 ⑦＝非常同意							
竞争是自然法则。	①	②	③	④	⑤	⑥	⑦
跟别人讨论时，我更喜欢直截了当地说。	①	②	③	④	⑤	⑥	⑦

低碳生活要求人们树立全新的生活观和消费观，减少资源和环境浪费，促进人与自然和谐发展。近期中国某大型调研机构的问卷显示，现实中几乎人人都有闲置物品，而超过一半的用户倾向于让闲置物品放在一边不作处理，无法实现资源的有效利用。以下是某闲置物品回收平台的广告，旨在了解消费者对该广告的意见。

像你一样的人正在改变人们的生活方式，做与众不同的自己——赶快参与二手闲置物品回收吧！如果定期将家中的闲置物品进行回收，可以让家变得更加舒适、宽敞，增加资源利用效率，可以让弃之可惜却又闲置在家的“鸡肋”再次变成为“香饽饽”，享受因资源合理利用带来的喜悦。

①＝非常不同意 ②＝不同意 ③＝有点不同意 ④＝中立 ⑤＝有点同意 ⑥＝同意 ⑦＝非常同意							
我认为广告倾向于强调参与闲置物品回收产生的好处。	①	②	③	④	⑤	⑥	⑦
我认为广告倾向于强调参与闲置物品回收产生的收益。	①	②	③	④	⑤	⑥	⑦
我认为广告倾向于强调参与闲置物品回收产生的积极结果。	①	②	③	④	⑤	⑥	⑦
我认为广告倾向于强调参与闲置物品回收避免产生的损失。	①	②	③	④	⑤	⑥	⑦
我认为广告倾向于强调参与闲置物品回收避免产生的成本。	①	②	③	④	⑤	⑥	⑦
我认为广告倾向于强调参与闲置物品回收避免产生的消极结果。	①	②	③	④	⑤	⑥	⑦
我可能参与闲置物品回收。	①	②	③	④	⑤	⑥	⑦
如果有需要，我会优先考虑参与闲置物品回收。	①	②	③	④	⑤	⑥	⑦
我愿意参与闲置物品回收。	①	②	③	④	⑤	⑥	⑦

您的性别是？

①男　　②女

您的年龄______。

附录2

研究二（独立自我/得益框架）

尊敬的先生/女生：

您好！本问卷采用无记名方式进行，所有信息仅用于学术研究并且严格保密，希望您遵从内心的真实想法作答，感谢您的参与！

以下是一段小插曲，请您认真阅读并作答。

我正在打一场网球晋级赛。下午4点26分，太阳照射着我，数着球拍上的网线，我弹了几下球。此刻，我就是世界的中心。我暗暗想道：“这是我的战斗，是我的机会。不论输赢，我都将向自己证明我的价值”。此时此刻，我认为：

①=非常不同意 ②=不同意 ③=有点不同意 ④=中立 ⑤=有点同意 ⑥=同意 ⑦=非常同意							
同伴的开心对我来说很重要。	①	②	③	④	⑤	⑥	⑦
维持团队内部和谐对我来说很重要。	①	②	③	④	⑤	⑥	⑦
我的幸福很大程度上取决于我周围人的幸福。	①	②	③	④	⑤	⑥	⑦
如果家人不支持，我会放弃自己非常喜欢的活动。	①	②	③	④	⑤	⑥	⑦
即使非常不同意组员的意见，我也会避免争吵。	①	②	③	④	⑤	⑥	⑦
如果团队需要我，即使对团队不满意我也会留在团队。	①	②	③	④	⑤	⑥	⑦
对我来讲，尊重团队的决定很重要。	①	②	③	④	⑤	⑥	⑦
我的个人身份与他人不同，对我来讲很重要。	①	②	③	④	⑤	⑥	⑦
我很享受在很多方面与众不同的感觉。	①	②	③	④	⑤	⑥	⑦
我是一个独特的个体。	①	②	③	④	⑤	⑥	⑦
我宁愿直接对人说“不”也不愿意冒被人误解的风险。	①	②	③	④	⑤	⑥	⑦
我喜欢在充满竞争的环境中工作。	①	②	③	④	⑤	⑥	⑦
竞争是自然法则。	①	②	③	④	⑤	⑥	⑦
跟别人讨论时，我更喜欢直截了当地说。	①	②	③	④	⑤	⑥	⑦

低碳生活要求人们树立全新的生活观和消费观，减少资源和环境浪费，

促进人与自然和谐发展。近期中国某大型调研机构的问卷显示，现实中几乎人人都有闲置物品，而超过一半的用户倾向于让闲置物品放在一边不作处理，无法实现资源的有效利用。以下是某闲置物品回收平台的广告，旨在了解消费者对该广告的意见。

想一想如果参与二手闲置物品回收会获得的好处？

答案很简单：如果参与二手闲置物品回收：让这些二手闲置物品多了一分为需要的人带去喜悦的可能；增加了这些二手闲置物品的资源利用价值；可以让家变得更加舒适、宽敞，增加资源利用效率；可以让弃之可惜却又闲置在家的“鸡肋”再次变成为“香饽饽”；可以响应低碳生活的号召，履行可持续发展的环保责任。

① = 非常低 ② = 低 ③ = 有点低 ④ = 中立 ⑤ = 有点高 ⑥ = 高 ⑦ = 非常高							
您在多大程度上认为广告描述的是消费者参与闲置物品回收能够获得的收益。	①	②	③	④	⑤	⑥	⑦
您在多大程度上认为广告描述的是消费者不参与闲置物品回收会产生的损失。	①	②	③	④	⑤	⑥	⑦
① = 非常不同意 ② = 不同意 ③ = 有点不同意 ④ = 中立 ⑤ = 有点同意 ⑥ = 同意 ⑦ = 非常同意							
我可能参与闲置物品回收。	①	②	③	④	⑤	⑥	⑦
如果有需要，我会优先考虑参与闲置物品回收。	①	②	③	④	⑤	⑥	⑦
我愿意参与闲置物品回收。	①	②	③	④	⑤	⑥	⑦
处理上述信息感到很容易。	①	②	③	④	⑤	⑥	⑦
上述情境中描述的信息很容易理解。	①	②	③	④	⑤	⑥	⑦
上述情境中描述的信息很清晰。	①	②	③	④	⑤	⑥	⑦
我非常不喜欢这则广告。	①	②	③	④	⑤	⑥	⑦
这是一则糟糕的广告。	①	②	③	④	⑤	⑥	⑦
我完全没有卷入广告情境当中。	①	②	③	④	⑤	⑥	⑦
我快速浏览了广告。	①	②	③	④	⑤	⑥	⑦
我没有注意广告。	①	②	③	④	⑤	⑥	⑦
此时此刻，我的心情是高兴的。	①	②	③	④	⑤	⑥	⑦
此时此刻，我的心情是乐意的。	①	②	③	④	⑤	⑥	⑦
此时此刻，我的心情是难过的。	①	②	③	④	⑤	⑥	⑦

续表

①=非常不同意 ②=不同意 ③=有点不同意 ④=中立 ⑤=有点同意 ⑥=同意 ⑦=非常同意							
此时此刻，我的心情是烦躁的。	①	②	③	④	⑤	⑥	⑦
此时此刻，我的心情是失望的。	①	②	③	④	⑤	⑥	⑦
如果有可能，我会优先考虑购买绿色产品。	①	②	③	④	⑤	⑥	⑦
如果有可能，我会优先考虑购买二手产品。	①	②	③	④	⑤	⑥	⑦
我会尽可能地将身边的垃圾进行分类回收。	①	②	③	④	⑤	⑥	⑦

您的性别是______。

①男　　②女

您的年龄______。

①≤18 岁　　②19～25 岁　　③26～30 岁　　④31～35 岁

⑤36～40 岁　　⑥≥41 岁

您的职业是______。

①学生　　②企、事业单位员工　　③政府公务员

④自由职业者　　⑤其他

您的受教育程度是______。

①高中及以下　　②大专及同等学历　　③本科　　④硕士及以上

您的支付宝账号是____________。（调研人员将在 24 小时内为您发放参与本次调研的报酬）

附录3

研究三（相依自我/闲置赚钱）

尊敬的先生/女生：

您好！本问卷采用无记名方式进行，所有信息仅用于学术研究并且严格保密，希望您遵从内心的真实想法作答，感谢您的参与！

以下是一段小插曲，请您认真阅读并作答。

我们团队正在打一场网球晋级赛，我代表我们团队参加决赛。下午4点26分，太阳照射着我，数着球拍上的网线，我弹了几下球。此刻，我的教练和队友都盯着我。我暗暗想道："这是我们的战斗，是我们的机会。不论输赢，我都将向我的团队证明我的价值"。

低碳生活要求人们树立全新的生活观和消费观，减少资源和环境浪费，促进人与自然和谐发展。近期中国某大型调研机构的问卷显示，现实中几乎人人都有闲置物品，而超过一半的用户倾向于让闲置物品放在一边不作处理，无法实现资源的有效利用。以下是某闲置物品回收平台的广告，旨在了解消费者对该广告的意见。

闲置换钱，悦己利他。和你一样的人正在改变人们的生活方式，让我们一起行动——赶快参与二手闲置赚钱吧！

①＝非常低 ②＝低 ③＝有点低 ④＝中立 ⑤＝有点高 ⑥＝高 ⑦＝非常高							
您在多大程度上认为广告传递的信息内容是闲置物品赠送。	①	②	③	④	⑤	⑥	⑦
您在多大程度上认为广告传递的信息内容是闲置物品卖了赚钱。	①	②	③	④	⑤	⑥	⑦
①＝非常不同意 ②＝不同意 ③＝有点不同意 ④＝中立 ⑤＝有点同意 ⑥＝同意 ⑦＝非常同意							
我可能参与闲置物品回收。	①	②	③	④	⑤	⑥	⑦
如果有需要，我会优先考虑参与闲置物品回收。	①	②	③	④	⑤	⑥	⑦
我愿意参与闲置物品回收。	①	②	③	④	⑤	⑥	⑦
如果有可能，我会优先考虑购买绿色产品。	①	②	③	④	⑤	⑥	⑦

续表

①＝非常不同意 ②＝不同意 ③＝有点不同意 ④＝中立 ⑤＝有点同意 ⑥＝同意 ⑦＝非常同意							
如果有可能，我会优先考虑购买二手产品。	①	②	③	④	⑤	⑥	⑦
我会尽可能地将身边的垃圾进行分类回收。	①	②	③	④	⑤	⑥	⑦

您的性别是______。

①男　　②女

您的年龄______。

①≤18 岁　　②19～25 岁　　③26～30 岁　　④31～35 岁

⑤36～40 岁　　⑥≥41 岁

您的职业是______。

①学生　　②企、事业单位员工　　③政府公务员

④自由职业者　　⑤其他

您的受教育程度是______。

①高中及以下　　②大专及同等学历　　③本科　　④硕士及以上

您的支付宝账号是____________。（调研人员将在 24 小时内为您发放参与本次调研的报酬）

附录4

研究四（独立自我/得益框架/闲置赠送）

尊敬的先生/女生：

您好！本问卷采用无记名方式进行，所有信息仅用于学术研究并且严格保密，希望您遵从内心的真实想法作答，感谢您的参与！

以下是一个小插曲，请您认真阅读。

我正在打一场网球晋级赛。下午4点26分，太阳照射着我，数着球拍上的网线，我弹了几下球。此刻，我就是世界的中心。我暗暗想道："这是我的战斗，是我的机会。不论输赢，我都将向自己证明我的价值"。

低碳生活要求人们树立全新的生活观和消费观，减少资源和环境浪费，促进人与自然和谐发展。近期中国某大型调研机构的问卷显示，现实中几乎人人都有闲置物品，而超过一半的用户倾向于让闲置物品放在一边不作处理，无法实现资源的有效利用。以下是某闲置物品回收平台的广告，旨在了解消费者对该广告的意见。

如果定期将家中的闲置物品，赠送给其他需要的人，不仅可以让家变得更加舒适、宽敞，而且在合理利用资源的同时收获一份因闲置物品分享带来的喜悦。

①＝非常低 ②＝低 ③＝有点低 ④＝中立 ⑤＝有点高 ⑥＝高 ⑦＝非常高							
您在多大程度上认为广告传递的信息内容是闲置物品赠送。	①	②	③	④	⑤	⑥	⑦
您在多大程度上认为广告传递的信息内容是闲置物品卖了赚钱。	①	②	③	④	⑤	⑥	⑦
您在多大程度上认为广告描述的是消费者参与闲置物品回收能够获得收益。	①	②	③	④	⑤	⑥	⑦
您在多大程度上认为广告描述的是消费者参与闲置物品回收能够避免损失。	①	②	③	④	⑤	⑥	⑦
①＝非常不同意 ②＝不同意 ③＝有点不同意 ④＝中立 ⑤＝有点同意 ⑥＝同意 ⑦＝非常同意							
我可能参与闲置物品回收。	①	②	③	④	⑤	⑥	⑦

续表

①=非常不同意 ②=不同意 ③=有点不同意 ④=中立 ⑤=有点同意 ⑥=同意 ⑦=非常同意							
如果有需要，我会优先考虑参与闲置物品回收。	①	②	③	④	⑤	⑥	⑦
我愿意参与闲置物品回收。	①	②	③	④	⑤	⑥	⑦

您的性别是______。

①男　　②女

您的年龄______。

①≤18 岁　　②19 ~ 25 岁　　③26 ~ 30 岁　　④31 ~ 35 岁

⑤36 ~ 40 岁　　⑥≥41 岁

您的职业是______。

①学生　　②企、事业单位员工　　③政府公务员

④自由职业者　　⑤其他

您的受教育程度是______。

①高中及以下　　②大专及同等学历　　③本科　　④硕士及以上

附录 5

研究五中信息框架的刺激材料

得益框架	损失框架
想想看，如果我们参与闲置物品回收计划，我们会得到什么。 答案很简单： 参与闲置物品回收就是保护环境。 当我们回收闲置物品时，我们增加了这些闲置物品给需要它们的人带来快乐的可能性。 当我们回收闲置物品时，我们提高了资源利用的效率。 当我们回收闲置物品时，我们把那些无用的东西变成了有价值的东西。	想想看，如果我们不参与闲置物品回收计划，我们会失去什么。 答案很简单： 不参与闲置物品回收意味着破坏环境。 如果我们不回收闲置物品，我们就会减少这些闲置物品给需要它们的人带来快乐的可能性。 如果我们不回收闲置物品，就会降低资源利用的效率。 如果我们不回收闲置的物品，我们会把那些有价值的东西变成无用的。

研究六和研究七中回收卷入度与信息框架的刺激材料

高回收卷入度/得益框架	
4 月 2 日是国际儿童图书日，也是著名儿童文学作家安徒生的诞辰。为了唤起人们对阅读的热爱和对儿童图书的关注，中国儿童青少年基金会发起并实施了“乡村阅读计划”。该计划旨在回收公众的闲置书籍，您可以通过学校和图书馆回收您的闲置书籍来参与这个计划。所有回收的书籍都将捐赠给全国贫困地区的儿童和青少年。我们期待与您共同努力，实现孩子们的梦想，为国家创造更美好的未来。	把闲置的书扔掉，或者把它们塞在家里，会阻碍这些书的资源利用效率。想想如果我们参加闲置书籍回收计划，我们国家最贫困地区的儿童和青少年将获得什么……当我们参加这个项目时，我们增加了那些闲置图书给那些需要它们的人带来快乐的可能性。

低回收卷入度/损失框架	
4 月 2 日是国际儿童图书日，也是著名儿童文学作家安徒生的诞辰。为了唤起人们对阅读的热爱和对儿童图书的关注，中国儿童青少年基金会发起并实施了“乡村阅读计划”。该计划旨在回收公众的闲置书籍，您可以通过学校和图书馆回收您的闲置书籍来参与这个计划。所有回收的书籍都将捐赠给世界贫困地区的儿童和青少年。我们期待与您携手共进，共同实现孩子们的梦想，为世界创造更美好的未来。	把闲置的书扔掉，或者把它们塞在家里，会阻碍这些书的资源利用效率。想一想，如果我们不参加闲置书籍回收计划，世界上最贫穷地区的儿童和青少年将会失去什么……如果我们不参加这个项目，我们就会减少那些闲置的书给那些需要它们的人带来快乐的可能性。

研究七中产品依恋的刺激材料

高产品依恋	低产品依恋
想象一下，您有一本儿童读物《西游记》，这是您敬爱的祖父送给您的珍贵生日礼物，已经在书架上闲置好几年了。	想象一下，您有一本儿童读物《西游记》，这是您从一个您记不起名字的熟人那里得到的，已经在书架上闲置好几年了。

附录 6

研究八（iPad 组）

尊敬的先生/女生：

您好！本问卷采用无记名方式进行，所有信息仅用于学术研究并且严格保密，希望您遵从内心的真实想法作答，问卷填写完成后您将有机会抽取 1～10 元的现金红包奖励。感谢您的参与！

11 月 20 日是国际儿童日，为了唤起人们对儿童教育的关注，11 月 20 日当天闲置物品回收平台“ELEG”发起并实施了“儿童数码助学计划”。知道该消息后，11 月 20 日您通过该平台将您闲置的 iPad 进行了回收。

为了节约调研成本，课题组将几个不相关的调研组合到一起进行调研，请您认真阅读并填写							
① = 非常不同意 ② = 不同意 ③ = 有点不同意 ④ = 中立 ⑤ = 有点同意 ⑥ = 同意 ⑦ = 非常同意							
我相信情境中描述的现象可能存在于现实生活中	①	②	③	④	⑤	⑥	⑦
我能够很好的想象到情景中描述的事情	①	②	③	④	⑤	⑥	⑦
出于环保意识，我打算购买绿色产品	①	②	③	④	⑤	⑥	⑦
考虑产品的环保绩效，我在未来会购买绿色产品	①	②	③	④	⑤	⑥	⑦
总的来讲，我会优先考虑购买环境友好型产品	①	②	③	④	⑤	⑥	⑦
如果有需要，我会考虑购买二手产品	①	②	③	④	⑤	⑥	⑦
如果有需要，我会优先考虑购买二手产品	①	②	③	④	⑤	⑥	⑦
如果有需要，我计划购买二手产品	①	②	③	④	⑤	⑥	⑦
如果有需要，我可能会购买二手产品	①	②	③	④	⑤	⑥	⑦
我觉得有必要对家里的垃圾进行分类回收	①	②	③	④	⑤	⑥	⑦
下周开始，我打算对家里的垃圾进行分类处理	①	②	③	④	⑤	⑥	⑦
请您想象未来一个月愿意参加以下活动的程度							
① = 非常低 ② = 低 ③ = 有点低 ④ = 中立 ⑤ = 有点高 ⑥ = 高 ⑦ = 非常高							
参与志愿活动	①	②	③	④	⑤	⑥	⑦
度假	①	②	③	④	⑤	⑥	⑦

续表

请您想象未来一个月愿意参加以下活动的程度							
①=非常低 ②=低 ③=有点低 ④=中立 ⑤=有点高 ⑥=高 ⑦=非常高							
参加聚会	①	②	③	④	⑤	⑥	⑦
向慈善机构捐款	①	②	③	④	⑤	⑥	⑦
看电影	①	②	③	④	⑤	⑥	⑦
献血	①	②	③	④	⑤	⑥	⑦
以下是生活中经常会遇到的事情，请说明您在多大程度上愿意采取以下行为							
①=非常低 ②=低 ③=有点低 ④=中立 ⑤=有点高 ⑥=高 ⑦=非常高							
在离开房间时随手关灯	①	②	③	④	⑤	⑥	⑦
打印文档时选择双面打印	①	②	③	④	⑤	⑥	⑦
尽量利用电子设备阅读文档	①	②	③	④	⑤	⑥	⑦
在刷牙过程中随手关水	①	②	③	④	⑤	⑥	⑦
不用的时候将电脑、电视等设备关掉	①	②	③	④	⑤	⑥	⑦

您的性别是______。

①男　②女

您的年龄______。

①≤18 岁　②19～25 岁　③26～30 岁　④31～35 岁

⑤36～40 岁　⑥≥41 岁

您的职业是______。

①学生　②企、事业单位员工　③政府公务员

④自由职业者　⑤其他

您的受教育程度是______。

①高中及以下　②大专及同等学历　③本科　④硕士及以上

附录7

研究九（得益框架）

尊敬的先生/女生：

您好！本问卷采用无记名方式进行，所有信息仅用于学术研究并且严格保密，希望您遵从内心的真实想法作答，感谢您的参与！

想象一下，11月20日是国际儿童日，为了唤起人们对儿童教育的关注，11月20日当天闲置物品回收平台“ELEG”发起并实施了“儿童数码助学计划”。知道该消息后，11月20日您通过该平台将您闲置的iPad进行了回收。您的电子闲置物品回收行为，既增加了贫困地区儿童获取知识的途径，也提升了资源的利用价值，履行了可持续发展的环保责任。

①=非常不同意 ②=不同意 ③=有点不同意 ④=中立 ⑤=有点同意 ⑥=同意 ⑦=非常同意							
我相信情境中描述的现象可能存在于现实生活中	①	②	③	④	⑤	⑥	⑦
我能够很好的想象到情景中描述的事情	①	②	③	④	⑤	⑥	⑦
①=非常低 ②=低 ③=有点低 ④=中立 ⑤=有点高 ⑥=高 ⑦=非常高							
您在多大程度上认为，上述情景材料描述的是参与闲置物品回收获得了收益	①	②	③	④	⑤	⑥	⑦
您在多大程度上认为，上述情景材料描述的是参与闲置物品回收避免了损失	①	②	③	④	⑤	⑥	⑦
为了节约调研成本，课题组将几个不相关的调研组合到一起进行调研，请您认真阅读并填写							
①=非常不同意 ②=不同意 ③=有点不同意 ④=中立 ⑤=有点同意 ⑥=同意 ⑦=非常同意							
我觉得有必要对家里的垃圾进行分类回收	①	②	③	④	⑤	⑥	⑦
下周开始，我打算对家里的垃圾进行分类处理	①	②	③	④	⑤	⑥	⑦
出于环保意识，我打算购买绿色产品	①	②	③	④	⑤	⑥	⑦
考虑产品的环保绩效，我在未来会购买绿色产品	①	②	③	④	⑤	⑥	⑦
总的来讲，我会优先考虑购买环境友好型产品	①	②	③	④	⑤	⑥	⑦
如果有需要，我会考虑购买二手产品	①	②	③	④	⑤	⑥	⑦
如果有需要，我会优先考虑购买二手产品	①	②	③	④	⑤	⑥	⑦

续表

为了节约调研成本，课题组将几个不相关的调研组合到一起进行调研，请您认真阅读并填写							
①=非常不同意 ②=不同意 ③=有点不同意 ④=中立 ⑤=有点同意 ⑥=同意 ⑦=非常同意							
如果有需要，我计划购买二手产品	①	②	③	④	⑤	⑥	⑦
如果有需要，我可能会购买二手产品	①	②	③	④	⑤	⑥	⑦
请您想象未来一个月愿意参加以下活动的程度							
①=非常低 ②=低 ③=有点低 ④=中立 ⑤=有点高 ⑥=高 ⑦=非常高							
参与志愿活动	①	②	③	④	⑤	⑥	⑦
度假	①	②	③	④	⑤	⑥	⑦
参加聚会	①	②	③	④	⑤	⑥	⑦
向慈善机构捐款	①	②	③	④	⑤	⑥	⑦
看电影	①	②	③	④	⑤	⑥	⑦
献血	①	②	③	④	⑤	⑥	⑦
以下是生活中经常会遇到的事情，请说明您在多大程度上愿意采取以下行为							
①=非常低 ②=低 ③=有点低 ④=中立 ⑤=有点高 ⑥=高 ⑦=非常高							
在离开房间时随手关灯	①	②	③	④	⑤	⑥	⑦
打印文档时选择双面打印	①	②	③	④	⑤	⑥	⑦
尽量利用电子设备阅读文档	①	②	③	④	⑤	⑥	⑦
在刷牙过程中随手关水	①	②	③	④	⑤	⑥	⑦
不用的时候将电脑、电视等设备关掉	①	②	③	④	⑤	⑥	⑦
请您认真回答以下问题							
①=非常不同意 ②=不同意 ③=有点不同意 ④=中立 ⑤=有点同意 ⑥=同意 ⑦=非常同意							
我经常使用环保型产品	①	②	③	④	⑤	⑥	⑦
我通常将家里的垃圾进行回收	①	②	③	④	⑤	⑥	⑦
我关心环保问题	①	②	③	④	⑤	⑥	⑦
我经常思考我的行为是否有利于环境保护	①	②	③	④	⑤	⑥	⑦
我相信闲置物品回收的预期结果是积极的	①	②	③	④	⑤	⑥	⑦
我认为闲置物品回收能够产生积极影响	①	②	③	④	⑤	⑥	⑦
我认为通过闲置物品回收能够做出很多贡献	①	②	③	④	⑤	⑥	⑦

您的性别是______。

①男　　②女

您的年龄______。

①≤18 岁　②19 ~ 25 岁　③26 ~ 30 岁　④31 ~ 35 岁

⑤36 ~ 40 岁　⑥≥41 岁

您的职业是______。

①学生　②企、事业单位员工　③政府公务员

④自由职业者　⑤其他

您的受教育程度是______。

①高中及以下　②大专及同等学历　③本科　④硕士及以上

附录8

研究十（得益框架/高目标进展）

尊敬的先生/女生：

您好！本问卷采用无记名方式进行，所有信息仅用于学术研究并且严格保密，希望您遵从内心的真实想法作答，感谢您的参与！

中国扶贫基金会、北京师范大学中国公益研究院于2018年5月联合发布针对中西部贫困地区的《乡村儿童阅读报告》显示：高达74%的受访乡村儿童一年阅读的课外读物不足10本；更有超过36%的儿童一年只读了不到3本书；超过71%的乡村家庭藏书不足10本，一本课外读物都没有的乡村儿童占比接近20%。儿童时期是培养孩子阅读的最佳时期，如果这些贫困地区的儿童能够有足够的图书进行阅读，他们的阅读水平、智力水平等将会得到显著提升。

想象一下，11月20日是国际儿童日，为了唤起人们对儿童教育的关注，闲置物品回收平台“ELEG”发起并实施了“乡村阅读计划”项目，该项目的目标是向社会回收闲置的儿童图书100000册，目前项目已经完成了计划目标的70%，有30%的目标尚未完成。知道该消息后，您通过该平台将您闲置的儿童图书进行了回收。您的闲置图书回收行为，既增加了贫困地区儿童阅读识字的机会，也提升了资源的利用价值，履行了可持续发展的环保责任。

①=非常低 ②=低 ③=有点低 ④=中立 ⑤=有点高 ⑥=高 ⑦=非常高							
您在多大程度上认为，上述情景材料描述的是参与闲置物品回收获得了收益	①	②	③	④	⑤	⑥	⑦
您在多大程度上认为，上述情景材料描述的是参与闲置物品回收避免了损失	①	②	③	④	⑤	⑥	⑦
您认为该项目完成计划目标的程度如何	①	②	③	④	⑤	⑥	⑦

续表

为了节约调研成本，课题组将几个不相关的调研放到一起进行调研，请您阅读以下题项并回答，非常感谢。							
①=非常不同意 ②=不同意 ③=有点不同意 ④=中立 ⑤=有点同意 ⑥=同意 ⑦=非常同意							
我觉得有必要对家里的垃圾进行分类回收	①	②	③	④	⑤	⑥	⑦
下周开始，我打算对家里的垃圾进行分类处理	①	②	③	④	⑤	⑥	⑦
出于环保意识，我打算购买绿色产品	①	②	③	④	⑤	⑥	⑦
考虑产品的环保绩效，我在未来会购买绿色产品	①	②	③	④	⑤	⑥	⑦
总的来讲，我会优先考虑购买环境友好型产品	①	②	③	④	⑤	⑥	⑦
以下是生活中经常会遇到的事情，请说明您在多大程度上愿意采取以下行为							
①=非常低 ②=低 ③=有点低 ④=中立 ⑤=有点高 ⑥=高 ⑦=非常高							
在离开房间时随手关灯	①	②	③	④	⑤	⑥	⑦
打印文档时选择双面打印	①	②	③	④	⑤	⑥	⑦
尽量利用电子设备阅读文档	①	②	③	④	⑤	⑥	⑦
在刷牙过程中随手关水	①	②	③	④	⑤	⑥	⑦
不用的时候将电脑、电视等设备关掉	①	②	③	④	⑤	⑥	⑦

您的性别是______。

①男　　②女

您的年龄______。

①≤18 岁　　②19～25 岁　　③26～30 岁　　④31～35 岁

⑤36～40 岁　　⑥≥41 岁

您的职业是______。

①学生　　②企、事业单位员工　　③政府公务员

④自由职业者　　⑤其他

您的受教育程度是______。

①高中及以下　　②大专及同等学历　　③本科　　④硕士及以上

您的支付宝账号是____________。（工作人员将在 24 小时内给您发放参与本次调研的酬金）